Lorenz Filius

Lyrische Schattenmomente

Impressum

Filius, Lorenz: Lyrische Schattenmomente

© Lorenz Filius, 2013/2021

Herstellung und Verlag: BoD- Books on Demand , Norderstedt

ISBN: 978-3-8482-6304-2

Bibliografische Information der Deutschen Nationalbibliothek

Die Deutsche Nationalbibliothek verzeichnet diese Publikation in
der Deutschen Nationalbibliografie; detaillierte bibliografische
Daten sind im Internet über http://dnb.d-nb.de abrufbar.

Im Schatten liegt so viel verborgen, was wir selten nur begreifen, manchmal fürchten oder lieben; und auf der Suche nach der Antwort tief im Innern glaubt Erleuchtung meist dem Licht. Dabei sind es diese Schatten selbst, die als Kontrast der Tiefe einen Sinn entlocken können. Sie finden sich im Licht dann lediglich als reflektiert und nicht von wahrheitsdominanten Leuchten überstrahlt.

Schattiert begegnet uns vielleicht die Antwort einer Frage kaum als Lösung, sondern eher als Geflecht von Lösungswegen ohne die vom Licht erfasste Suggestion. Beschattet schimmert durch das Schweben einer grauen Illusion die Bodenständigkeit der Fakten. Schließlich liegen all die Dinge, die wir still erahnen oder leben, tief im Schatten unsres Selbst - in einer Zuflucht, der wir Licht erlauben oder nicht.

Lorenz Filius

Inhalt

Schattiert   9

Beschattet   71

Im Schatten   123

Schattiert

Schattierte Dimensionen
feilen Fragen aus dem Bild,
die Ebenen bewohnen,
deren Schatten Tiefe gilt.

Schattiert

Blindflug, 11
Spinnenlicht, 12
Etwas gähnt, 13
Im Schatten des Geflechts, 15
Klagen, Plagen, Sagen, 16
Lichterstreifen, 18
Zwinkern in der Nacht, 19
Charisma, 20
Adventskalender, 21
Menge meinesgleichen, 22
Zeit bezwungen, 24
Totgelesen, 26
Aufgesogen, 27
Blinde Borniertheit, 28
Zentrum des Blicks, 30
Regenbogenabend, 31
Verabschiedung, 33
Du nennst mich Freund, 34
Kartoffel für Brot, 36
Parkansichten, 37
Verpasstes Glück, 38
Unterm Blätterdach, 39
Verschwundener Geist, 41
Helm, 43
Kindersprünge, 45
Diese eine Welt, 46
Rachedurst, 48
Kleine Fische, 49
Entfremdet, 51
Digitalgesicht, 53
Vergittert, 54
Taschenratte, 56
Vergangenes Lachen, 58
Irreversibel, 59
Gut gegangen, 60
Nuklearverweigerung, 62
Fahrrad, 63
Im Wald, 64
Etwas Sinn, 65
Mein Schatten, 66
Resonanz, 68
Ruf der Möwe, 69
Letzte Aussicht, 70

Ist ein Ding je da, 11
Hinterm Kragenknopf, 13
Phagen, 14
Verknotetes Vakuum, 16
Im Dunst, 17
Einfach weg, 18
Sternenschweif, 19
Restbestand, 20
Hinweggefegt, 21
Freaks, 23
Jenseits der Brücken, 25
Wahre Sehnsucht, 26
Kunst vergeht, 28
Outback, 29
Schwierige Menschen, 30
Weise Kerzen, 32
Kunst und Künstlichkeit, 34
Nicht zu fassen, 35
Selbstzensur, 36
Vorbeigedacht, 37
Zahnschmerz, 38
Schicksalslose Spur, 40
Höchster Ton, 42
Fensterweisheit, 44
Über Grund, 45
Cerebrales Labyrinth, 47
Stachlige Seelen, 48
Reifeprüfungen, 50
Das letzte Herzblut, 52
Schattentraum, 54
Mein eigener Herr, 56
Wirbelblockaden, 57
Denkboykott, 59
Freundschaftsphrasen, 60
Hinfort in Positur, 61
Schrecksekunde, 62
Dreister Verstand, 64
Es greift um sich, 65
Das Reine der Idee, 66
Kakteen, 67
Platte Sicht, 68
Die Welt versäumt, 70

Blindflug

Bildet sich ein Ding mir ein,
wie es dies auch andern tut,
oder bilden wir uns ein,
dass das Ding auf sich beruht?

Ist ein solches Ding so groß,
wie es allen üblich scheint?
Teilen wir das eine Los,
das uns mit der Sicht vereint?

Finden sich die andern nur
als ein Teil von meiner Sicht,
zieh ich isoliert die Spur
ganz im Blindflug durch das Licht.

Ist ein Ding je da

Ist ein Ding schon da,
bevor's das Denken animiert,
oder wird's gewahr,
da der Verstand's erst generiert?

Wenn die Welt uns lehrt,
wie wir die Gegenstände seh'n,
hat sie nichts entbehrt
und wird auch ohne uns vergeh'n.

Dreht sich Tag um Tag
aus unsrer Gegenwart heraus,
ist die Welt ein Schlag
im Herz des Geistesüberbaus.

Spinnenlicht

Das Spinnenlicht greift in die Nacht,
es sucht nach dem, der es entfacht,
dem Wunder scheinbar auf der Spur,
ergattert es Gesichter nur.

Die Maskerade aufgereiht,
mit Augen tiefer Dunkelheit,
ein Netz, gesponnen durch das Licht,
ertastet Maschen - Löcher nicht.

Verloschen bald ist die Magie,
wohin, das fragt nicht länger sie;
Ernüchterung verstößt den Blick
aus dem Verbund zum Grund zurück.

Hinterm Kragenknopf

Die Frage bläht die Wangen auf,
geschüttelt bleibt sie tief im Kopf,
der lässt dem Atem keinen Lauf,
die Antwort hinterm Kragenknopf.

Fällt sie hinab, entweicht die Luft,
belässt das Antlitz ausgehöhlt,
im Bauch die Wahrheit ‚Hunger'! ruft,
doch appetitlos Lügen stillt.

Erklimmt jedoch den Hals der Mut
und hilft den Worten durch den Mund,
brennt durchgeatmet böses Blut
zumindest das Gesicht nicht wund.

Etwas gähnt

Etwas gähnt mir ins Gesicht,
sehe seine Zähne nicht;
hat wohl müde zu verdau'n,
was es schluckt anstatt zu kau'n.

Und so seufze ich zurück,
schenk ihm noch ein kleines Stück,
mit ein wenig von mir sülbst,
kann ja sein, dass es mal rülpst.

Phagen

Es ist die Antwort auf die Fragen
nach dem Sinn, wenn wir versteh'n,
warum die DNA der Phagen
weiterzieht und sie vergeh'n.

Es reduziert sich dort das Leben
auf die Übergabepflicht,
und eine Möglichkeit zu streben
kennt der Phagenkörper nicht.

Chemie der reinen Reaktionen
stellt den Grundstock jeder Welt,
doch warum ohne sich zu lohnen,
sich als Fortschrittsfrage stellt.

Denn was geschieht, bedingen Flüsse,
die der Ausgleich ruhen lässt;
es bleibe nichts, was weiter müsse
sagt indes, was einsam ist.

Noch ohne jeden Plan der Lage,
ohne Ziel und Eitelkeit,
hat sich allein schon durch die Frage
jener Grund für mehr befreit.

Im Schatten des Geflechts

Der Blick stößt durch ein Gitter in das Licht,
an Streben bricht sich Glitter, mehr auch nicht;
die Schönheit scheint so nahbar, doch liegt fern,
die Ansicht ist erfahrbar, nicht ihr Kern.

Das Gitter bietet Suchern scheinbar Halt,
hindurch zerreißt's den Fluchern die Gewalt,
denn immer bleibt auch hängen ihre Not,
dem Ritt durch Wellenlängen blühe Tod.

So warten wir beschattet vom Geflecht,
sind Augen erst ermattet, wird es recht,
es scheint uns alles eben weit voraus,
das Licht geht zwischen Streben an und aus.

Verknotetes Vakuum

Schräg laufen Fäden zusammen,
verknoten das Vakuum;
träg raufen Reden um Rahmen
und loten Gedanken krumm.

Süß schwingen schließende Fragen,
verplomben die Eigenheit;
fies klingen spießende Sagen
um Bomben der Reigenzeit.

Schmerz zitternd, juckende Freude,
das Gute hat immer Recht;
Herz splitternd, muckende Leute,
die Schnute ist einzig echt.

Klagen, Plagen, Sagen

Klagen zerschmettern die Wucht,
Plagen erklettern die Flucht,
Sagen sind Rettern nur Sucht;
fragen nach Wettern der Bucht.

Im Dunst

Es fällt kein Licht, wo Tage Schatten tragen;
und kein Gericht kann stumme Zeugen fragen.
Es zieht der Weg die Orte in die Leere;
ich bin nur Zweck, doch komm ihm in die Quere.

Es krümmt den Blick die eingewirkte Stunde;
weicht sie zurück, begradigt ihn die Runde.
Es lacht der Schein, als wolle er nicht lügen,
doch wird nur sein, wenn wir dem Dunst erliegen.

Lichterstreifen

Die Lichterstreifen einer Stadt
belichten keine Gegenwart
mit Diskussionen ihrer Fahrt;
so schnell verstrichen, was mich hat.

Die Spur dünnt aus, doch brennt sich ein,
am Horizont zerspleißt ihr Ziel,
das Licht war alles, doch nicht viel;
wo's auch versiegt, es bleibt allein.

Vereinzelt noch ein dünner Schweif
sich zum verlassnen Strom gesellt,
und nur das Bild im Kopf erhellt;
die Zeit, es zu versteh'n, ist reif.

Ich schlendre durch die dunkle Flucht,
noch eben grell und untertan,
an Schatten lehnt mein Bild sich an:
Wo ist ein Licht, das bleibt und sucht?

Einfach weg

Es findet nichts im späten Zorn,
was je verkümmert ist aus Not,
und findet einer doch ein Korn,
erlügt er Kuchen vor dem Brot.

Im Nachgeschmack verrinnt Genuss,
aus Krumenhäme zum Gebäck,
verdaut war 's längst bevor es muss,
so Manches ist ganz einfach weg.

Zwinkern in der Nacht

Ein Zwinkern in der Nacht,
der Himmel auf 'Hab Acht';
die Sterne wollen einen,
was eins zum andern macht.

Der Schweif verklärt die Welt,
der Augenblick nur zählt;
'Gedeihen und Verderben'
auf Messers Schneide schnellt.

Das Blut die Nacht gewinnt,
ob's fließt, ob's bald gerinnt;
der Chance eines Friedens
ist heilig was beginnt.

Und geht es weiter fort,
verlässt es nicht den Ort;
das Zwinkern der Erleuchtung
kommt vor dem letzten Wort.

Sternenschweif

Ein Stern entkommt nicht seinem Schweif,
nur der Vergangenheit darin,
um fern von jedem Silberstreif
in Zukunft seines Golds zu zieh'n.

Er wies den Weg und weist ihn heut,
als Zeichen einer Zuversicht;
Gerichtsbarkeit braucht kein Gelæut,
nur Augen, deren Licht sie bricht.

Charisma

Was erleuchtet ihren Schein,
schenkt den Auren etwas Sein,
sitzt's in ihnen ganz allein,
oder redet Stolz es ein?

Kommen, sehen, zieh'n Gewinn,
rundherum und mittendrin,
wir vermuten ihren Sinn,
dem sie hörig sind mithin.

Wer sind wir und wer sind sie?
Wir seh'n viel, was nie gedieh,
eine Art von Synergie;
wer nichts hat, braucht Hysterie.

Restbestand

Der Restbestand vergeht sehr bald,
die Nachhut ist schon vorlaut alt,
bezeugt nur mehr, was ihr geschah,
und macht die Träume nicht mehr wahr.

Es ist doch immer noch wer da,
ertönt's aus leerem Inventar,
der Letzte mit der Zukunft prahlt
und hilft den Neuen hoch bezahlt.

Adventskalender

Die Eins erwartet Neue Lust,
die Zwei ist immer noch bewusst;
auch von der Vier erhofft sich Drei
kein Fünf und Sechs als Einerlei.

Die Sieben hat's schon im Gefühl,
dass Acht die Neun nur kaum noch will;
bevor die Zwölf die Hälfte zählt,
sich Zehn und Elf zur Mitte quält.

Die Dreizehn fällt nur freitags auf,
erhofft sich schnell die Vierzehn drauf;
die Sechzehn Fünfzehn übersieht,
und Siebzehn nimmt schon Achtzehn mit.

Die Neunzehn stöhnt die Zwanzig wach,
gähnt Ein- und Zweiundzwanzigfach;
die Dreiundzwanzig kaum noch wert,
was Vierundzwanzig eh beschert.

Hinweggefegt

Wer glaubt, es gehe alles unter,
hofft auf Glück im Niedergang;
solange stürzt das Schicksal munter,
wähnt im Strudel Sturm und Drang.

Wer glaubt, darin die Zeit zu halten,
hat zu lange überlegt;
noch nicht gewahr, nicht mehr zu walten,
sind wir schon hinweggefegt.

Menge meinesgleichen

Ich fühlte mich verloren
in der Menge meinesgleichen;
ich ward in ihr geboren,
doch sie lehrte mich das Weichen.

Die Schritte asphaltierten
die vergeblich freien Straßen
der Frommzivilisierten,
die auf Plätzen sich besaßen.

Nun flüchten die Ideen
in das ungeweihte Leben,
exotisch weit zu gehen,
um der Suche Sinn zu geben.

Im Staub gelebter Stätte
treten Füße wahre Spuren;
Geschichten wahrer Städte
meine Schuhe nie erfuhren.

Hier bleib ich, um zu wagen,
was einst Angst zu wehren glaubte,
und lass mich davon tragen,
was mir dort Vertrauen raubte.

Freaks

Vermenschlicht und perfektioniert,
der Glaube an ein Maximum;
wer nur bestaunt was funktioniert,
den bringt die Sehnsucht danach um.

Ein Werkzeug, das dem Selbstzweck dient,
als goldnes Kalb umsprungen wird;
bezeugt nur, was der Geist ersinnt,
und ohne Ziel den Wunsch verwirrt.

Das gute Stück, das tolle Teil,
wird ausgereizt und durchgezecht,
danach gepflegt, als brächt' es Heil,
ersetzt mitunter das Gemächt.

Doch irgendwann verliert den Reiz,
weil etwas Neues Ehrfurcht lockt,
der nutzlos ausgewalzte Geiz;
hat nichts bewirkt, nur rumgehockt.

So geht es fort mit jedem Streich,
den Möglichkeit dem Nutzen spielt;
die Wetten um ein kleines Reich
verlieren Freaks im Spiegelbild.

Zeit bezwungen

Die Kraft treibt meinen Tag voran,
auf einmal ich ihn fassen kann,
sonst hat er mich erfasst im Wahn,
zu brechen mit dem eignen Plan.

Noch gestern setzte Zeit mich matt
und bannte mich aufs Ziffernblatt,
ein Zeiger keine Gnade hat,
er folgt nur Zahn um Zahn dem Rad.

Gelingend heut, was nie gelang,
im Schlepp vom Uhrenzeigerzwang,
die Uhr läuft kaum im Überschwang
und unterliegt dem Schaffensdrang.

Sie hinkt schon mächtig hinterher,
ist später da, als sonst sie wär',
ich schaffe einfach eher mehr,
so geht's, und doch es scheint verquer.

Zu früh ergreift der Hunger mich:
Um zehn schon an den Mittagstisch?
Um zwölf greift Dämmerung um sich,
allmählich wird es unheimlich.

Zufrieden bin ich doch zum Schluss,
gewann noch Zeit im Überfluss,
auch wenn ich früh zu Bett geh'n muss,
ein Schnippchen schlug ich dem Verdruss.

Im Tageslicht verblasste sie,
die Uhr in meiner Euphorie,
hab übersehn mit Energie
das Warnlicht ihrer Batterie.

Jenseits der Brücken

Was vor und hinter Brücken liegt,
verschweigt der Augenblick,
nur Ahnung in die Zeit sich schmiegt,
mal vorwärts, mal zurück.

Darunter zieht die Welt hinfort,
sie nimmt nur Tage mit,
wir weilen stets von Ort zu Ort
und halten doch kaum Schritt.

Die Punkte unsres Eingesteh'ns,
sind sie auch noch so klein,
entführen uns bald unverseh'ns,
um frei vom Fluss zu sein.

Totgelesen

Ich tauche ein in die Geschichte,
die ich selber nicht erlebt,
und jede Seite macht zunichte,
was von früher an mir klebt.

In immer tiefre Dimensionen
zwängt der Lesefluss mich ein;
es ist, als möchte mich wer klonen,
ganz sein eignes Hirn zu sein.

Ich fühl die Hetze im Erschaudern,
vom Erlebten überrannt,
erfahr den Mörder, nicht zu zaudern,
drückt den Dolch mir in die Hand.

Ich spür das Herz des Täters schlagen,
bald synchron mit dem der Not,
schon fühl ich's aus der Brust mir ragen,
dann erwach ich und bin tot.

Wahre Sehnsucht

Die wahre Sehnsucht lässt sich nicht beschreiben,
da Worte in Vergangnem stecken bleiben.

Aufgesogen

Ich zeige in die Luft und find
die Strömung in den Wirbelwind;
ein Strudel, der mich bald erfasst,
der jede Richtung rundum hasst.

Noch such ich Halt, mal hier mal dort,
zerrissen bald von Ort zu Ort,
derweil ergreift mich mehr und mehr
der Sog, ich fluch, wo kommt er her?

Und wieder eine Position,
mir ist, als kenne ich sie schon,
bald ahnend, dass sie mich verrät
und mich im Bann des Kreisels schmäht.

Nun winde ich mich ohne Ziel,
das gar nicht existieren will,
das nicht einmal die Richtung sucht
und über Richtungsfragen flucht.

Ich kann nicht länger mehr umhin,
als mit der Welt im Kreis zu zieh'n;
geworfen einst in freies Feld,
das nun mit mir um Freiheit schnellt.

Kunst vergeht

Es spricht nicht Fleisch aus einem Wort,
nicht Geist und nicht Erinnerung,
ein Ausdruck der Verkümmerung;
geschrieben steht es einfach dort.

Es zieht Gedanken nicht ins Bild,
Skulpturen und Gemälde starr'n,
sie fragen, wo Geschichten war'n,
die keiner mehr zu Ende spielt.

Es singt die Melodie kein Lied,
und der es singt, sie nicht behält,
sie schwebt hinaus in diese Welt
und sucht vergeblich, was geschieht.

Sie sind im Artefakt erstarrt,
die Künste leben den Moment,
entschlafen mit dem Kunsttalent;
nichts bleibt, was jemals aufbewahrt.

Blinde Borniertheit

Wenn Einsicht in blinder Borniertheit verschwindet,
weil jemand das Rad stets aufs Neue erfindet,
bleibt jede Enttäuschung zumeist auf der Strecke,
auf dass der Erfindergeist diese entdecke.

Outback

Der Wüstenboden streckt den Sinn
von Sonnenstrahlen endlos hin,
der Weg vergeht und kann nichts zieh'n,
die Weiten gleichen sich darin.

Der Wind streift Büsche Fels um Fels,
zurück und vor die Uhren stellt's,
Vergangenheit, graviert, erzählt's,
die Stunden geh'n, die Zukunft hält's.

Die Menschen weisen mir das Land,
Wahrhaftigkeit nicht ausgebrannt,
ich heb den Fuß, vermiss den Sand,
sie missen nichts, was sie verbannt.

Zentrum des Blicks

Wir leben die Vergangenheit
im Zentrum unsres Blicks;
die Neugier, die ihn auswärts streut,
vergegenwärtigt Tricks.

Je weiter wir von hinnen zieh'n,
je älter wird das Licht;
es scheint egal, wie weit wir geh'n,
die Zukunft gibt es nicht.

Die Ahnung bleibt, dass etwas wird,
das nicht vergangen sei,
doch ehe sich Gewissheit irrt,
ist dieses schon vorbei.

Schwierige Menschen

So schwierig, wie ein Mensch erscheint,
so schwer wiegt unsre Sicht;
auch wir erscheinen nur geeint,
weil er an uns zerbricht.

Regenbogenabend

Finsternis, vom Licht gefangen, trägt dem Raunen Stille zu,
lässt es kaum hindurch gelangen, nur der Blick entweicht der Ruh.

Flüsternd folgen wir den Augen, die die Neugier wachsam hält;
Regenbogenreisen taugen, zu umrunden unsre Welt.

Und so wandern auf dem Kreise wir von Dunkelheit zur Pracht,
auf dem Höhepunkt kaum weise, denn darunter bleibt es Nacht.

Woll'n ein wenig noch verweilen, zu ergründen, was geschieht,
doch wir müssen uns beeilen, als das Licht die Blicke flieht.

Taumeln langsam aus der Ferne, noch verwirrt vom Firmament;
unergründlich, jene Sterne, die kein Regenbogen kennt.

Weise Kerzen

Wenn die Kerzen weise sind
und den Schatten Licht verleih'n,
eine Weile Zeit gewinnt,
lädt mich zum Vertiefen ein.

Alle Ansicht drängt sich frei,
geht dem Schweigen auf den Grund,
Tiefenschärfe im Detail
macht die Oberflächen bunt.

Wild zerklüftet scheint die Wand,
die am Tag den Blick begleicht,
flach zuvor, die Sicht verbannt,
nun die Vielfalt sie erweicht.

Gegenstände waren klar
in Bewegung ihres Lichts,
viel zu selbstverständlich starr,
jetzt erzwingt die Durchsicht nichts.

Alles wandert still umher,
doch verlässt nicht seinen Ort;
Schatten zeigen so viel mehr,
denn sie lassen's Licht nicht fort.

Verabschiedung

Letzte warme Worte
ledern Tränensäcke aus;
Ehrfurcht aus Retorte
fehlgebärt den Schlussapplaus.

Strahlend weiße Westen
sind vergilbt vom Blütenstaub;
der klebt nun am Besten
beim umarmten Lobesraub.

Neigt sich der Bedachte,
wird ein jeder sich verzeih'n;
was ihn beugsam machte,
kann schon morgen jeden frei'n.

Abends in Verklärung
geht er einsam durch die Stadt;
einer aus der Ehrung
ruft: Mach Platz! und fährt in platt.

Kunst und Künstlichkeit

Wer Kunst ins glatte Leben reißt,
verletzt die Konvention;
die Künstlichkeit in Wunden beißt
und trägt ihr Heil davon.

Das Erste altert ewig kaum,
die Narben wachsen ein;
das Zweite stirbt in Mundes Schaum
an Zeitphantasterei'n.

Du nennst mich Freund

Du nennst mich Freund,
doch kann dich nicht leiden,
mein Dasein streunt
um deine Leidenschaft.
Und stets bereu'nd,
dich wieder nicht zu meiden,
bleibt so umzäunt
der Trennung Willenskraft.

Mein Zorn, entsetzt,
zugleich jedoch begeisternd,
der Ärger hetzt,
wann immer es mir passt.
Ich bin verletzt,
die Konsequenz nicht meisternd,
ich wünsch mir jetzt,
dass mich mein Herz sich fasst.

Nicht zu fassen

Nicht zu fassen sind die Dinge,
deren Ursprung wir vermissen,
viele Leben in der Schlinge
hat das Seil der Zeit verrissen.

Uns zu glauben, kann beschönen,
wenn die Feste(n) unsrer Schlösser
uns an Einigkeit gewöhnen;
was geschah wird immer besser.

In Verschwörung schwelgen solche,
die in umgestülpten Nischen
auf der Suche nach dem Dolche
durch Kanonenrohre kriechen.

Ob nun Wahnwitz oder Glauben,
jenseits jeder Wissensliga
zieht das Morden und das Rauben
Fäden nur für kalte Krieger.

Bleibt das Erbe auch bestehen,
sind zwar alle längst vergangen,
doch in Andacht wir begehen
nur der Erben Unterfangen.

Es geht weiter, Taten, Fragen,
Menschen sterben, Menschen sagen,
Nur der Zwischenraum bleibt ehrlich,
unentdeckt und stets gefährlich.

Kartoffel für Brot

Schaut hier ist er mit seiner Kartoffel,
nackt im Feld, geerntet die Not;
hört, hier spinnt er, in seinem Pantoffel,
ragt für Geld: Kartoffel für Brot.

Ist erhaben, inmitten der andern,
faulend währt der gleiche Geruch;
Pflanzen laben, ganz ohne zu wandern,
unbegehrt sich nur am Versuch.

Zeiten mähen, die Höhen nicht achtend,
alles kurz, Erneuerung sucht;
Zeiten sähen, die Tiefen betrachtend,
jenen Sturz, der eben noch flucht.

Selbstzensur

Es ist die Selbstzensur ein Joch
des Schreibers, der die Freiheit liebt;
schätzt man sein Werk, gibt's oft ein Loch,
das sich nur schließt, wenn er nicht lügt.

Doch stolpern Leser manchmal gern
durch Löcher, die den Weg markier'n;
wer fällt, der bleibt dem Ende fern,
im Loch kann einem nichts passier'n.

Parkansichten

Ein einsames Mäuschen den Richtigen findet,
zwei Freunde beim Sporteln ein Grinsen verbindet,
es raschelt im Busch, wo ein Häschen verschwindet,
der Mann in der Uniform Sicherheit spendet.

Ne Frau auf der Parkbank für Freiheit vertickert,
passierende Laufsucht Intrigen verklickert,
ein Hund scharrt, wo längst ein Vermisster versickert,
ein Sicherheitsmann einen Geldsack umtigert.

Vorbeigedacht

Vielleicht ist's nicht die Wahrheit, zu erfinden, was uns schindet,
vielleicht liegt alle Klarheit im Ergründen, was uns bindet.
Geschehenes im Anflug unsres Denkens sucht die Dauer,
ab da liegt nur die Richtung allen Lenkens auf der Lauer.
Es wird gewahr in Einfalt unsres Sterbens, dass nichts fehlte,
die ganze Zeit des kläglichen Beerbens uns entseelte.

Verpasstes Glück

Wie das Glück ein Füllhorn ist,
hält es sein Versprechen nie;
als es sich auf uns ergießt,
fließt es in die Phantasie.

Und wir leben hinterher,
doch genießen nur die Sucht,
was wir schmecken, wird so schwer,
darum schlägt's uns in die Flucht.

Weil der Fluss des Lebens fühlt,
tasten wir uns Mal für Mal
bis zum Punkt, der Hoffnung stillt,
die zuvor davon sich stahl.

Also gibt es keine Ruh,
was hinfort läuft, scheint der Grund,
greift nur auf, doch selten zu,
ungenossen bleibt es wund.

Zahnschmerz

Mal kommt er, mal geht er,
dann früher, erst später,
bald stärker, noch schwächer,
zum Brummer vom Stecher.

Mal geht er, mal bleibt er,
erst kürzer, dann länger,
verkümmert, verdorben,
lebendig, gestorben.

Unterm Blätterdach

Und bleib ich, schützt der Schatten mich,
er kühlt den wachen Geist,
die Blätter schillern heimatlich,
was nichts als ‚Warten' heißt.

Der Blick hindurch macht Neugier Mut,
doch was entfacht das Licht?
Will ich nur wissen, was sich tut,
dann interessiert's mich nicht.

Entfleucht die Tat Gedanken nun,
nimmt sie die Strömung mit,
nach hinten gibt es nichts zu tun,
nach vorn nur einen Schritt.

Schicksalslose Spur

Er war ein Reisender, nicht mehr,
auf Schiff und Zug sein Domizil,
er war nie da, nur hin und her,
auf Windes Rose lag sein Spiel.

Gesucht hat er die Liebe nie,
gefunden seine Liebelei,
doch keine Frau in ihr gedieh,
es war die pure Reiserei.

Er bildete die Welt sich ab,
belesen war er noch zudem,
und wenn's mal nichts zu essen gab,
war selbst gefangner Fisch genehm.

Ob Stadt ob Land, er war allein,
ein Streuner hier und da im Schlepp,
sein Seufzen blieb den Papagei'n.
Ein Glückspilz oder armer Depp?

Er schickte Briefe dann und wann,
sie zogen unter Möwen fort,
erzählten nichts von diesem Mann,
doch Unbeschreibliches vom Ort.

Noch immer treibt's die Flaschen um,
die wenigen, die man nicht fand,
ihr Inhalt kündet längst posthum
von schicksalsloser Spur im Sand.

Verschwundener Geist

Der Geist verschwindet aus dem All,
war ein Versuch der Energie,
nur ein Moment nach großem Knall,
bewährt hat er sich scheinbar nie.

Als Schöpfungs Krönung fand er sich,
der erste Fehler im Kalkül;
ein Schöpfer schöpft zwar königlich,
doch vom Geschöpf gekrönt sein will.

In Ahnung um verdrehten Stolz
zerbrach der Glaube den Verstand;
zersplittert schneidet er ins Holz,
einst wohl geformt, fortan verkannt.

Der Heilung jenes Denkfragments
bleibt weiter nichts als ein Gefühl;
es tut so gut in der Demenz,
nur auszudenken, was es will.

Und sind Gedanken ausgeträumt,
ganz schleichend mit der Lustbarkeit,
dann wird die Lücke ausgeschäumt:
womit, zeigt eine neue Zeit.

Höchster Ton

Horch die Stille im Gehirn,
suche nach dem Lebenslied,
wirst's, je mehr du suchst, nicht hör'n,
nur den Sinus, der dich zieht.

Schließ die Augen und erspür
diesen einsam höchsten Ton,
nichts ist stärker, fern von dir,
Amplituden nur ein Hohn.

Um den Faden deines Lichts
schwingt er vehement voran,
führt den Einklang und sonst nichts,
alles andre denkt nicht dran.

Doch auch er ist nicht per se,
ohne Medium nicht frei,
fühl noch tiefer und versteh':
Die Substanz ist stets dabei.

Hochfrequenter Lebenssinn,
wehrhaft jeder Melodie,
kann nicht ohne sie umhin,
das zu finden, was gedieh.

Helm

Geräusche zerschellen in meinem Gehör,
es schneiden die Scherben den Blick ins Visier,
wie Plagen befallen die Blitze das Licht,
sie brechen die Schatten, die Wahrheit verficht.

Ein Helm hat die Welt in die Sinne gedrückt,
ich winde den Kopf, doch die Flucht ihm nicht glückt,
ich bin intensiv, so verdichtet dabei,
kein Flüstern geheim, doch das stört kein Geschrei.

Den Ausweg im Tanz mit den Wirren zu seh'n,
das hieße, nicht sie noch auch mich zu versteh'n;
im Einklang mit mir wär' ich auch nicht allein,
denn einsam bedeutet durchdrungen zu sein.

Nur manchmal erliegt auch die Macht ihrer Kraft,
das ist der Moment, da ein Joch sie erschlafft,
die Schwere erlahmt in der Trägheit der Zeit,
ich nutze die Gunst, die vom Helm mich befreit.

Fensterweisheit

Das Licht durchs Fenster gilt dem Bild,
hängt an der Wand, die Sicht gestillt;
was einstrahlt, mich nicht fassen kann,
ich seh' dem Stillstand Dauer an.

In Sepia zerläuft die Welt,
der Nachmittag den Abend zählt,
verdaut die farbenreiche Zeit
als illusorisches Geleit.

Das Fensterkreuz beschleicht die Wand,
Tapetenwechsel nie gekannt;
das Bild ist noch in 100 Jahr'n
gewesen, wo nicht Jahre war'n.

Kindersprünge

Ich nehm' die Zeit aus einem Sprung -
und find darin Verkindlichung,
die Freude sprießt in Positur,
das Lachen strömt in die Figur.

Ich reiß die Zeit aus einem Sprung -
ein Schnappschuss der Verelendung,
Entsetzen zerrt an seiner Not:
Der Schrei schlägt auf im kalten Tod.

Ich frag die Zeit in einem Sprung -
Was gibt sie der Veränderung?
Wann jauchzt es sich in den Moment?
Wann stirbt ein Kind, das niemand kennt?

Über Grund

Über Grund verläuft der Fluss,
trägt ihn scheinbar kaum davon,
doch was wir nicht sehen, muss
mit der Zeit aus der Fasson.

Ein Moment betört den Sinn,
steht so unbelehrbar still,
doch er gibt sich dabei hin
und verliert, was er doch will.

Diese eine Welt

Ich spüre diese eine Welt,
die unsere in Schach nicht hält,
die ihr die Freiheit auch nicht lässt,
nur mitschleppt durch den großen Rest.

Der Takt der Zeit berauscht das All
und trifft auch uns von Fall zu Fall;
was ist ein Lichtjahr oder Tag
in Anbetracht von Schlag auf Schlag.

Ich spüre diese eine Welt,
gerade weil sie mir nicht fehlt,
ich lass sie zu, weil es sie gibt
und mir nur auf die Schulter tippt.

Sie nimmt mich aus der Intension
und stellt mich frei zur Reflexion,
ich bin beruhigt im Augenblick,
kehr' unbefangen dann zurück.

Ich spüre diese eine Welt
als kleiner Teil, der sie beseelt;
die große Freiheit, nur zu sein,
steckt in Unendlichkeit allein.

Cerebrales Labyrinth

Cerebrales Labyrinth,
zeig mir wo die Wege sind.
Frag nicht mich, frag deine Welt
welchen Weg sie dir verstellt.

Cerebrales Labyrinth,
tief im Zentrum hockt ein Kind.
Willst du Mitleid, sieh dich an,
dass das Kind dich finden kann.

Cerebrales Labyrinth,
durch die Windung wabert Wind.
Schließ die Augen, lass dich geh'n,
öffne sie, um zu versteh'n.

Cerebrales Labyrinth,
bin ich immer noch so blind?
Dass du fragst liegt nur bei dir,
doch die Antwort nicht bei mir.

Rachedurst

Es zwergt der leichte Überhang
der Stimmung die Geduld;
aus eingefleischtem Widerdrang
verkümmert jede Huld.

Verletzlich ist die Haut der Seel',
Phantome bergen Schmerz,
ein Stich zieht sie zusammen schnell;
ein Rückzug aus dem Herz.

Allein der Zorn verkümmert bald,
bleibt unverstanden treu,
er sucht im Rachedurst nach Halt,
doch schwimmt sich niemals frei.

Stachlige Seelen

So selten auch der Kaktus blüht,
so oft wird er verschmäht;
was jemand in ihm wirklich sieht,
uns nicht sein Kleid verrät.

Ein garst'ger Mensch wird's niemals sein,
der leise zu ihm spricht,
doch lebt er allzu oft allein
und sucht ein Angesicht.

Im Spiegel seiner Unnatur
erwacht ein guter Geist,
befestigt die Verwandtschaft nur,
die ‚Friedlich Leben' heißt.

Kleine Fische

Großer Bruder ferner Welt,
der vom Angeln sehr viel hält,
geht dem Hochmut auf den Leim;
große Stadt sucht kleine heim.

Er besucht mich und gibt an,
was er alles fischen kann,
sein Equipment ist famos,
unser Weiher nicht sehr groß.

Was die Hochsee ihn gelehrt,
mich mit seiner Kunst beehrt;
sitz am Ufer und schau zu,
schnitz 'ne Gerte und hab Ruh.

Bruders Stolz verglüht im Blick,
bringt nicht einen Fisch zurück;
ich verweile und derweil
um mein Stöckchen ein Stück Seil.

Doch der Angler wird nervös,
Haken leer und kein Erlös;
so erfahren er hantiert,
einen Haken er verliert.

Während er den Köder wählt
spiele ich mit nichts, was zählt;
Stock mit Seil und Haken dran,
unerwartet beißt was an.

Große Augen um den Tisch,
kleinlaut kaut, wer ohne Fisch,
und den Kleinen, der mich fand,
hielt mein Hunger nicht an Land.

Reifeprüfungen

Getrunken auf die Freundschaft,
versprengt in alle Welt,
der Reifeprüfung Tatkraft
das Alte stand nicht hält.

Erinnert noch nach Jahren,
ein Klassentreffen droht,
die meisten sind erfahren
und andere schon tot.

Die Treffen werden rarer,
die Teilnehmer dann auch,
das Leben, umso wahrer
bei wein-belachtem Rauch.

Ein Bild aus alten Zeiten,
vererbt, bedeutungslos,
wird niemanden begleiten,
denn die sind selbst schon groß.

Entfremdet

Ich finde deine Nähe
im Erinnern jener Stunde,
ergründe die Verquickung
als Verleumdung unsrer Zeit;
und während ich noch flehe,
dreht das Schicksal seine Runde,
verklemmend die Verstrickung,
die die Liebe hat befreit.

Ich fühle mich gefangen
in der Sehnsucht, die ich suchte
und wühle im Gewissen
nach verständnisvollem Gram;
die Jahre sind gegangen,
die ich lange schon verfluchte,
verharre noch in Küssen,
die die Liebesgunst sich nahm.

Ich warte in der Stille
auf der Suche nach dem Zeichen,
die zarte Überredung
war ein Weg zum Unverstand;
ob meiner, ob dein Wille
kann zum Glück auf Dauer reichen,
ist keiner Übertretung,
nur dem Übergang bekannt.

Das letzte Herzblut

Das letzte Herzblut abgetropft,
die Hülle schlaff im Lebewohl,
ein Zuspruch hat sie ausgestopft,
doch spürt sie nicht, dass dies nichts soll.

Den Künstler hält kein Kunstwerk fest,
wenn er es nicht verkraftet hat,
dass dieses sich nicht halten lässt
durch Launen im Geschmacksdiktat.

Erweckt ihn wieder die Gewalt,
die ehedem sein eigen war?
Verschwindet letztlich die Gestalt,
im Allgemeinplatzinventar?

Das Schicksal pendelt Kunst und Kult,
das Leben zuckt mit Schultern nur;
Revivals kommerzieller Schuld
sind der Erinnerung Zäsur.

Digitalgesicht

Ich klebe mein Gesicht ins Buch
mit Seiten, die zerfleddert sind,
schon blättert mich ein andrer Wind
und profiliert mich in den Fluch.

Fortan erfindet mich das Wort,
erzeugt aus altem Fleisch und Blut,
erfährt, wie gut das Lifting tut
und schwemmt die Ehrlichkeit hinfort.

Sterile Gegenseitigkeit
schreibt mich belanglos in die Welt;
das Lesezeichen Seiten zählt
am Faden der Verwertbarkeit.

Ich reiß mich raus und glaub mich frei,
der Schmerz der Ehrlichkeit erdrückt,
noch ist ein Rest mit mir bestückt,
denn zum sich Trennen braucht es zwei.

Die Zeit heilt Wunden, auch im Buch,
am Ende wiegt es viel zu schwer,
doch sind die meisten Seiten leer
als digitales Leichentuch.

Schattentraum

Ein Vogel sitzt im Schattenspiel, erzählt von Träumen mit Gefühl,
umgarnt von einer Farbenpracht, die kaum aus seinem Schatten lacht.

Die Perspektive hält ihn fest, das Licht ihr keinen Spielraum lässt.
Ist was er sagt nur falscher Stolz, am Ende ist er gar aus Holz?

Ich schaue tief, doch kann nicht seh'n, worin Legenden sich ergeh'n,
der Vogel rückt bestimmt nicht ab, wovon ich keinen Schimmer hab.

Und so verlass ich diesen Sinn, um zwischen ihn und's Licht zu zieh'n,
nun seh' ich, was der Traum vermag, indem ich selbst die Schatten schlag.

Vergittert

Vergittert ist das immer gleiche Licht,
davor seh' ich die Farbnuancen nicht,
Strukturen schmückt Geheimniskrämerei,
verblendet sind die Zwischenräume frei.

Der Vogel, der im Traum erschien, war bunt,
er setzt sich nun in meinen Farbenschwund,
ist soviel schwärzer als er fröhlich schien,
was ich erfahre, hält der Wunsch nur hin.

Das eingebrannte Muster schweigt zur Nacht,
das Licht wird ja wie immer ausgemacht,
dann darf ich ahnen, dass es Farben gibt,
und dass der Vogel meinen Namen liebt.

Mein eigener Herr

Am Weg entlang verzehrt der Rand
den Blick und schickt ihn weit ins Land;
zu schnell hat er ein Ziel erkannt
und damit seinen Sinn verbannt.

Verbleibend endet jeder Schritt
als Pferdefuss im Denkgranit;
zu spät entdeckt, gibt er nichts mit,
nur als Erfahrung einen Tritt.

Verlangsamt fällt mir der Verlust
dann auf, doch wird nur kurz bewusst;
gottlob ich bin mein eigner Herr
und mach erneut mir's Leben schwer.

Taschenratte

Die Taschenratte hat obsiegt,
weil sie dem Lavastrom nicht liegt,
sie lebt hinfort, weil sie es kann,
nur fragt sich keiner, wo und wann.

Der Mensch hingegen wird zum Tor,
weil er ein Fußballspiel verlor,
nicht weil das Leben ihn nicht liebt,
vielmehr weil er ihm nichts mehr gibt.

Wirbelblockaden

Nach hinten unten sucht der Blick
den Schmerz und schnellt sodann zurück,
denn schon gefunden im Genick
verklopft das Herz das Ungeschick.

Der Wirbel ist und bleibt geblockt,
weil Unvernunft aus Haltung bockt,
soviel der Sport ihn auch noch lockt,
den Lungen bald der Atem stockt.

Experten wissen keinen Rat,
der Osteo' drückt sich ins Patt,
das heiße Bad entlässt mich matt,
die Müdigkeit den Schlaf nicht hat.

Am Ende ist das Leid zermürbt,
es lebt davon, dass man nicht stirbt,
derweil's fürs Leben auch nicht wirbt
und seinem Rest die Zeit verdirbt.

Vergangenes Lachen

Das Lachen ist vergangen,
Gesichter sind gefangen;
durchs Fenster zu den Seelen
kam jemand, dies zu stehlen.

Es lag dort tief verborgen,
um wartend vorzusorgen,
um nicht sich zu verschwenden,
den Gram nicht zu beenden.

Dann wär's mit Lust erschienen,
als Lohn nach dem Besinnen,
doch Leid bezwingt nun Freude
im Dauergrinsestreite.

Die Beute wird zum Täter,
ganz frank und frei Verräter;
sie bleibt an jenen kleben,
die grinsend sich nur geben.

Denkboykott

Der Geist ruft auf zum Denkboykott,
tut dies klammheimlich ohne Spott,
ist infiziert mit keiner Not,
die im Gesundheitsfalle droht.

So schlendert er illusioniert,
vom 'alles klar' zum 'irritiert',
betäubt mit Gleichmut korrigiert,
bis ihn das Leben abserviert.

Irreversibel

Drehte ich die Zeit zurück,
änderte ich nichts,
denn die Umkehr Stück für Stück
hängt im Strang des Lichts.

Zweigte ich ein Jota ab,
würd' ins Dunkle flieh'n,
wär' der Anfang, den es gab,
nie wie einst gescheh'n.

Freundschaftsphrasen

Freundschaftsphrasen nähren,
um die Leere auszuzehren,
stumme Namen einer Welt,
die ins Grenzenlose fällt.

Dem Gesetz der Sehnsuchtsspiele
dienen reine Wortgefühle,
während Herzen sich bemühen,
keine Konsequenz zu ziehen.
Doch verendet die Beschwörung
in Routinen einer Störung,
lebt der Mensch dahinter weiter
ohne Suchtgeschwätz als Streiter.

Freundschaftsphrasen zehrten
von sozial oft Fehlernährten;
Schall und Rauch im Spannungsfeld,
engelsgleich im Spiel entstellt.

Gut gegangen

Es ist noch immer gut gegangen,
sagt der volle, faule Mund,
nur aufgekaut ist er befangen,
kaut sich wiederkäuend wund.

Hinfort in Positur

Es trägt mich nichts von meinem Platz,
es sei denn für die große Hatz,
doch diese gibt schon lang nichts her,
verkaufte sich als Nichts für mehr.

So oft begonnen, nie getan,
wer glaubte, wenn nicht ich, daran,
und folgte ich, war ich dabei,
doch war ich dort, war's einerlei.

Veränderungen durch die Zeit
enttäuschten mich, war'n stets bereit:
Wo kommt das Ziel noch nach dem Weg?
War immer nur ein Wunschbeleg.

Ich sitz hinfort in Positur,
von Ort zu Ort verharr' ich nur,
die Wechsel täuschten mich davon
und stürzten sich nur selbst vom Thron.

Nuklearverweigerung

Befehl verweigert, Welt verschont,
denn eine Seele folgt ihr nicht
in die Gesinnung, die da thront
im Sieg durch nukleares Licht.

Was zog die letzte Konsequenz
in einem unbekannten Mann;
war's ungestählte Vehemenz,
war's nichts als Zufalls Weltentran?

Vielleicht ergab sich nur das Lot
aus dem Bewusstsein aller Zeit,
das keinem hilft und keinem droht,
doch sich aus Sklaverei befreit.

Schrecksekunde

Es bricht die Schrecksekunde
Leben aus des Lebens Graus;
die Stille jeder Runde
täuscht das Fleisch im Schneckenhaus.
Geschwindigkeit der Kunde
führt es meist nur kurz heraus;
dann dämmert ihm die Wunde
und wenn nicht, dann ist es aus.

Fahrrad

Jahre hat es mich getragen,
Jahrelang auf jedem Weg,
Jahre, ohne es zu fragen,
Jahre, die zurück ich leg.

Wochen hat es mich beschäftigt,
Wochen unterm Zahn der Zeit,
Wochenlang hab' ich's bekräftigt,
Wochen bis zum letzten Streit.

Tagelang hab ich gelauert,
Tage reuten jeden Ritt,
Tage zornig, nicht getrauert,
Tage kein Pedalentritt.

Stunden dachte ich, wie schade,
Stundenlang hab ich's zersägt;
nun erinnert Wind im Rade
auf der Gabel unentwegt.

Dreister Verstand

Der Verstand ist im Körper
wird mit ihm vergeh'n,
das Bewusstsein ist stärker
und weiß, ihn zu sehn.

Das Bewusstsein reicht Finger
und führt den Verstand,
der Verstand dreht nur Dinger
und nimmt gleich die Hand.

Im Wald

Sie steh'n im Wald
und seh'n das Licht
vor lauter lichten Bäumen
nicht.
Sie werden alt
in dieser Sicht;
die zu viel sichten, träumen
schlicht.

Es greift um sich

Es greift um sich,
und ich kann der Unternehmung nicht entkommen,
es greift um sich
aus den Wänden des Sozialpanoptikums.
Es greift um sich,
doch ich habe ihm ja niemals was genommen,
es greift um sich
in die Sphäre des Gedankeneigentums.

Es zerreißt mich,
denn mit jedem Griff verzerrt sich mein Verweigern,
es zerreißt mich,
in die Teile, die nur wieder widersteh'n.
Es zerreißt mich,
und es scheint, als würd' ich selber dieses steigern,
es zerreißt mich -
wenn ich still bin, war das alles ein Verseh'n.

Etwas Sinn

Die Frage nach dem Sinn
fällt nicht der Kellerassel zu.
Sie zieht auch nicht Gewinn
aus einer Seele ohne Ruh.
Sie lässt sich gar nicht stell'n,
da sie die Antwort längst verschluckt;
aus weit entfernten Quell'n
in unsre Suppentöpfe spuckt.

Das Reine der Idee

Das Reine der Idee
ist immer ein Klischee,
das Fleisch verschafft der Wahrheit
am Ende meistens Klarheit.

Der Schöpfer Ideal
ist anfangs keine Wahl,
und wenn man es erwählte,
es nicht den Geist beseelte.

Es ist nur der Verstand,
nimmt Worte bei der Hand,
um mitten im Besinnen
das Alte zu gewinnen.

So schärft aus Kopf und Tat,
Instinkten zum Verrat,
die aufgepfropfte Plombe
die höchst humane Bombe.

Mein Schatten

Mein Schatten erschlägt
mich um Längen
im Licht
die Sonne
verspricht ihm
alltäglich verraten zu sein

Kakteen

Sie liebte ihren Kaktus,
doch nach Jahren war'n's Kakteen,
und selbst den Gutenachtkuss
ihres Mannes ließ sie fleh'n.

Was einst nur vor dem Fenster
die Gardine an sich riss,
war'n bald schon Stechgespenster
rundherum im Wohnverlies.

Der Griff an jeden Schalter,
an die Schranktür, zum TV,
zum Bier und Handtuchhalter,
untermalt von einem Au!

Gewöhnung war das Eine,
wie Entwöhnung von der Lieb',
doch Gnade kannt' er keine,
als sein Hintern stecken blieb.

Gestochen tief im Schritte,
hat es ihn zu arg gekränkt,
hat schmerzgespreizter Tritte
dann die Stachelpracht ertränkt.

Resonanz

Der Ton vermisst die Resonanz
im Einklang mit der Ignoranz;
solang er laut alleine klingt,
erfreut er sich daran und schwingt.
Verstummt in Hoffnung, noch zu sein,
die Stille wächst in ihn hinein;
er kichert kurz bevor er geht,
wo's schweigt, die Ruh alleine steht.

Platte Sicht

Die Sicht ist so platt
nach Verlust meiner Brille,
die Pflicht scheint so matt
im Bewusstsein der Stille,
Verzichten macht satt
ohne Lust an der Grille,
das Licht, das nichts hat,
sagt: Du musst nicht für Spiele.

Ruf der Möwe

Das Lied, das mir die Möwe singt,
klingt eigentümlich treu,
die Botschaft, die es überbringt,
entdeckt das Leben neu:

Du wartest hier und fragst nur 'Wann?'
Komm mit ins Karussell!
Der Kreis erschließt die Antwort dann,
was Mündung war, wird Quell.

Die Welt versäumt

Einst habe ich die Welt versäumt,
als mich mein Wunschtraum rief;
ich habe mich hineingeträumt,
weil dort noch alles schlief.

Bald zog die Ferne mich dort hin,
um nah zu sein dem Weh;
da schreckt' es auf und ließ mich steh'n,
war weiter weg denn je.

Erlebtes blieb fortan geteilt,
nicht dort und nicht bei mir;
am Tag es stets mein Sinnen heilt,
doch nachts quält mich die Gier.

Letzte Aussicht

Eine jahrelange Sehnsucht geht zu Ende,
eine jahrelange Sehnsucht wird gestillt,
und sie reicht der letzten Aussicht ihre Hände,
doch die letzte Aussicht ist nicht mehr gewillt.

Sie führt alle wirren Stränge aus dem Leben,
sie führt alle wirren Fäden hin zum Lot;
um Gespinste früher Zwänge zu entweben,
lenkt sie Schicksalszwänge ohne jede Not.

Ich verschließe meine Lider, nicht die Augen,
ich verschließe meine Lider, um zu seh'n
und verlasse meine Glieder, nicht zu taugen,
denn die Bindeglieder lehren mich Verstehen.

Beschattet

Beschattet ist ein Umstand
im Moment der freien Sicht;
das Licht, ganz ohne Einwand,
scheut der Schattenwerfer nicht.

Beschattet

In großer Demut, 73
Neujahrsdämmerung, 74
Kalte wahre Dochte, 76
Gossip, 77
Alkokralle, 79
Faule Zauber, 80
Wahlfüllsel, 82
Blau im Westen, 83
Langzeitschatz, 84
Krieger ohne Heimatlied, 86
Traditionen, 87
In die Messer, 88
Weihnachtliche Festgier, 90
Denkerposen, 92
Vergreister Größenwahn, 94
Völkerhandelei, 96
Front- und Saubermänner, 97
Bunker, 99
Verwerfungen, 101
Kopulierfilme, 102
Korrekter Gang, 104
Oma ausgespielt, 105
Quetschende Stimmen, 107
Verstreut, 108
Je vergessen, 110
Wissensneurose, 111
Konservierte Götter, 112
Brot, 113
Verdorrtes Leid, 114
Gerinnselgören, 115
Menschen zollen, 116
Neue Biedermänner, 117
Die einzige Blamage, 119
Krokoledermoral, 120
Offline-Moment, 122

Ötzi, 73
Schwungradreden, 75
Weltuntergang, 77
Faule Sehnsucht, 78
Die letzte Königin, 80
Neue Krimis, 81
Für nur Einen, 82
Monsterkiller, 84
Zensur der Friedlichkeit, 85
Wendehälse, 86
Kastenköpfe, 87
Jahrelange Asche, 89
Willenlos, 91
Verteidigungsmaschinen, 93
Im Geviert, 95
Verborgenes, 96
Überwachung, 98
Lebensloser Luxus, 100
Suhlen, 101
Stadt ohne Namen, 103
Melde-Wesen, 104
Krieg gewinnen, 106
KDV, 108
Sie kommen, 109
Immer fetter, 110
Kind und Hund, 111
Menschenleben Tag für Tag, 112
VIPs, 114
Wissenschaftslobby, 115
Trauert die Society, 116
Kein Wolf im Schafspelz, 117
Behindert, 118
Spiele, 120
Pfingstnotdurft, 121

In großer Demut

Die Welt in großer Wehmut
um ein Kind der Prominenz,
die Welt in großer Wehmut
um ein krankes Tier im Zoo,
die Welt in großer Wehmut,
ums Besteh'n der Dekadenz,
die Welt in großer Wehmut
liest die Zeitung auf dem Klo.

Das Geld in großer Demut
folgt erpresster Eloquenz,
das Geld in großer Demut,
zahlt die Mutigen K.O.,
das Geld in großer Demut
schönt den Winter noch mit Lenz,
das Geld in großer Demut,
buchstabiert das Heu wie Stroh.

Ötzi

Konserviertes regt uns an,
kostet mehr als nur Elan,
kühlt die Wissenschaften aus,
Mumien spenden kaum Applaus.

Ganz von selbst erfriert derweil
irgendjemand ohne Heil,
weil die Wohltat nicht bemaß,
was ein Wissender vergaß.

Was die einen wissen, gilt,
was die andern müssen, spielt;
fällt einst Sinn dem Unsinn zu,
schmilzt auch Ötzi in die Ruh.

Neujahrsdämmerung

Zersetzte Affektion
im Gegenlicht der Nacht,
Gelächter sucht den Hohn,
der's Lachen einfach macht.

Die Gläser schmusen schrill,
verstopfen jedes Wort,
sie halten Lippen still
und sperr'n Gedanken fort.

Die Blicke sprengt die Kluft,
mit Zuversicht gebläht,
und fern der dicken Luft
ein Kurzschluss sich entlädt.

Dann fällt die Aussicht weg,
und Stille knallt dahin;
die Dämmerung im Dreck
vergisst, sich anzuzieh'n.

Schwungradreden

Ohne ein Gesicht zu zieh'n,
fratzt maskierte Zuversicht,
zerrt am immer gleichen Spleen,
doch Probleme nicht als Licht.

Zugeknöpft im Sonntagsstaat,
öffnet er den großen Geist,
der mit wohlgemeintem Rat
Nötigung als Pflicht verheißt.

Worte fallen schwer hinab,
jemand hebt sie sicher auf,
nur nicht, der sie von sich gab,
beim Gedankenausverkauf.

Und so klingt er leis' davon,
scheint, als ob er's selber glaubt,
's ist kein Wunder bei dem Lohn,
sind die Worte mundgeraubt.

Kalte wahre Dochte

Rauch entlässt den Docht in Freiheit,
schönt die Atmosphäre nicht;
ohne jedes weitere Beileid
stirbt das Heil in weißes Licht.

Schnell entweicht der Kühle Stille,
die zuvor im Zaum erwärmt,
fühlt sich wohl als Widerwille;
zynisch Worte sie umschwärmt.

Im Geruch vergällter Süße
wabert aufgestoßen Fett,
kaum zu halten Festtagsgrüße,
und im Nachhinein zu nett.

Schau auf jene Dochte nieder,
halten noch das BESTE FEST,
unverbrannte Weihnachtslieder
schaden nicht dem wahren Rest.

Weltuntergang

Komm, und geh, Weltuntergang!
Nimm uns unsern Klaggesang,
sind nervös und lächeln doch,
macht's uns leicht am alten Joch.
Ist erst alles längst vorbei,
flüchtet jeder ohne Schrei,
auch das Lächeln ist versiegt
durch den Schund, der uns bekriegt.

Gossip

Die Presse orakelt im Gossip Hormone,
Beziehung im Wechsel der Photokanone,
Konfetti erblüht überm Fließband der Posen,
der Teppich errötet vorm Krieg um die Rosen.

Manch willige Masken erstarren in Bildern,
ihr Lachen darf Spießrutenwege beschildern,
'Wer kommt und wer geht und mit wem und wie lange',
hält einzig die Zier um die Kunst bei der Stange.

Doch Blitze verstoßen sie später in Schluchten,
in denen schon andre Erfindungen suchten.
Wer sieht aus befremdlicher Nähe schon Ferne
der Welten um Punkte, so klein wie die Sterne?

Faule Sehnsucht

Wenn das hoch gepumpte Geld
faule Sehnsucht nicht mehr hält,
ist Beliebigkeit ein Wert,
der die Wahl zum Los erklärt.

Wenn das ausgehöhlte Los
stellt Ideen als Träume bloß,
trifft die Rechenschaft den Hund,
kläfft den Kindern in den Mund.

Wenn die Kinder nichts erfahr'n,
weil in Wünschen keine war'n,
bläst die Gier nach so viel mehr
irgendwann die Sehnsucht leer.

Wenn die Sehnsucht nicht mehr quält
das Versprechen aus dem Geld,
macht sie nur noch, was sie will,
führt zum Sehnsuchtsoverkill.

Alkokralle

Die Kralle greift zum Glas,
als würge sie den Hass,
verstirbt auf halbem Weg,
dem Überlebenssteg.

Es lockt das neue Blut,
die Finger zittern Wut,
dann sinken sie herab,
dem Arm voraus ins Grab.

Noch einmal zupft das Herz
am Lid und zwingt den Schmerz,
davon läuft ihm der Blick
und lässt ihn kalt zurück.

Die letzte Königin

Ganz selbstverliebt auf ihrem Fest
die Königin nun bitten lässt;
sie präsentiert Musik und Wein,
so alt und schal nur sich allein.

Entflammt wird die Vergangenheit,
das Licht sucht Augen weit und breit;
ein paar nur, im Vorübergeh'n,
seh'n einen Geist Gespenster seh'n.

Sie winken in den trüben Traum,
der winkt zurück, doch sieht sie kaum,
er führt nur angespornt durch sie
den Rest der Zeit in Agonie.

Die Nacht vergeht, wie jeder Tanz,
zum Schlaf im Königinnenglanz;
wenn sie erwacht hat schon die Welt
sich einen Tag davon gezählt.

Faule Zauber

Faule Zauber lassen sich nicht ohne Zaster prahlen,
lebten von Ballons die auf dem Straßenpflaster zahlen,
ehedem begraben fern der Lüsternheit der Städte,
niemand sich fortan mit ihrem Tun verglichen hätte.

Neue Krimis

Der Abend gähnt den Mörder fort,
denn der spielt nur die Farce,
Beziehungskisten um den Mord
beschwör'n Ermittlerstars.

Der Fall erklärt sich so umher,
Geschichten ohne Grund,
die Kommissarin kann nicht mehr,
denn Herpes hat ihr Hund.

Und auch ihr Assistent ist müd',
vielleicht mit einer Spur,
und führt sie nicht zum Abspannlied,
dann doch zum Blick zur Uhr.

Miss Marple war ein Unikum,
und andre voll Esprit,
die Neuen sind vielleicht nicht dumm,
doch viel zu viel Regie.

Wahlfüllsel

Grimassen grinsen Falten ins Verharzen,
derweil die Journalisten einen quarzen,
weit draußen flimmern durchgebrannte Fetzen,
vermögen Gleichschaltquoten zu vernetzen.

Die Intellektuellen geh'n nach Hause,
die andern öden weiter in der Klause,
der Anchorman brilliert mit Zahlenbändern,
der Morgen wird Verdautes kaum verändern.

Für nur Einen

Sind so viele für nur Einen,
sind so viele Brot für ihn,
einfach ist es, könnt' man meinen,
ihn aus dem Verkehr zu zieh'n.

Sind so viele Eins im Leiden,
nur ein paar in einer Gunst,
jene sich gemeinsam meiden,
diese frömmeln Lebenskunst.

Sind so viele mit den Ängsten,
und die Angst ist ganz allein,
ihre Ruhe wehrt am längsten
Sorge, nicht geeint zu sein.

Sind so viele längst verkommen,
nur der eine kommt davon,
haben sich zu gut benommen
in bequemer Tradition.

Blau im Westen

Der Himmel scheint noch blau im Westen,
wo er nichts versäumt;
dort geben sie ein Licht zum Besten,
das man sonst erträumt.

Bastionen ihrer Phantasien
hielten lange stand;
die Zukunft in den Bann zu ziehen,
forderte das Land.

Die Ersten fanden dort noch Frieden,
vor und nach dem Krieg;
dem Grauen, hier und da beschieden
etwas Glück im Sieg.

Es folgten Geister in Verklärung
durch den Spuk der Zeit;
der Frieden rief nach Geldvermehrung,
er allein war Streit.

Man hörte viel und wusste wenig,
wer noch ging, war müd';
daheim nicht reich, als Gast nicht König,
strophenlos das Lied.

Inzwischen schwappen Welten über,
Geld kocht überm Meer;
‚der Himmel scheint im Osten trüber',
bläut es von woher.

Monsterkiller

Sind perfekte Monsterkiller,
sind so digital verzückt,
zappelnd, stumpfe Schwachsinnspieler,
fühlen nichts und sind bestückt.

Unser Bildschirm, wie ein Fenster,
stiehlt dem Lächeln faden Charme,
starr'n hinaus in Windgespenster,
dann in sturmverspielten Harm.

Schlagen Schlachten, wollen gelten,
kaufen Waffen, töten schnell,
schließen's Herz und öffnen Welten;
wer zurück schaut, fährt zur Höll'.

Bald verwachsen und verkümmert,
in Ruinen unsrer Zeit,
schnell als Feindesfreund zertrümmert:
Ha! wir schossen sie ins Leid.

Langzeitschatz

Es schießt dein alter Kaffeesatz
mir Blutdruck in den Wein;
ich wünsche mir vom Langzeitschatz,
so lass das schwätzen sein.

Die Ruhe hab ich einst geliebt,
danach kam Sturm und Drang;
ihm nachzugeben, nicht vergibt,
und das ein Leben lang.

Zensur der Friedlichkeit

Die Friedlichkeit steht still im Raum
und wird aufs Neue nicht entdeckt;
zu selbstverständlich stört sie kaum,
Gemeinschaft, die nicht liebt, noch neckt.

Verlässlich scheint die Harmonie,
doch ab und zu bricht etwas auf,
dann langweilt und bejammert sie
den unbeeindruckt gleichen Lauf.

Die Neulust, hier und da, schöpft Mut,
Sozialgeschwätz um heißen Brei,
auf dass sich doch noch etwas tut,
allein, es bleibt zumeist dabei.

So dämmern Seufzer weiter fort,
Erkenntnis hin, Verlangen her,
und unkt mal einer auf ein Wort,
wiegt dies als gern gesehen schwer.

Da liegt der Grund für alle Not,
das Jammervolk ruft laut ,Verrat!'
und plärrt den Mund der Unke tot,
weil man sich nichts zu sagen hat.

Krieger ohne Heimatlied

Für was verkauft sich eine Seel'?
Für was verzieht sie ihr Gemüt?
Die Drecksarbeit ist schon zur Stell',
für Kämpfer ohne Heimatlied.

Die Flagge weht daheim für das,
was opportun Soldaten pflegt,
derweil gedrillter Feinderlass
bei Waffenruh Sadismus hegt.

Mit Liedern auf den Lippen streckt
ein Augenzwinkern Blicke hin;
der 'Feind im Auftrag' ist verreckt,
ein toter Kamerad darf geh'n.

Und geht's nach Haus nach irgendwo,
entscheidet sich das Leben neu;
der eine wird nie wieder froh,
der andre auf gut Glück sich treu.

Wendehälse

Getanzt auf dem Vulkan der Macht
als Katzengold im Strom,
Gestanzte Form versteinert lacht
als Präsentierphantom.
Gesichter schwinden heiß dahin
in Opportunität,
ein Umbruch lässt sie schweigend zieh'n
dorthin, wo's heißer brät.

Traditionen

In Tradition fängt Kerz' um Kerze Licht,
In Tradition von Zündstoff man nicht spricht,
In Tradition tut jeder seine Pflicht,
Die Tradition fällt allen ins Gewicht.

In Tradition das Heiligtum besticht,
In Tradition vertagt man das Gesicht,
In Tradition glaubt's Kind an sein Gedicht,
Die Tradition schert Zwangsgedanken nicht.

In Tradition wird's Essen zum Gericht,
In Tradition bleibt niemand, der's erbricht,
In Tradition zeigt Neulust satt Verzicht,
Die Tradition die Karten nie neu mischt.

Kastenköpfe

Gesichtsballons geblähter Hast,
vor Kastenköpfen, Überlast,
sie ähneln sich charakterlos
und stellen ihre Freiheit bloß.

Von Winkel-Meinung vorgeformt,
im Richtungswettstreit wohl genormt,
die Stirn wird eng und spannt den Sinn,
Kontraste reißen Bilder hin.

Nach vorne wölbt sich Ungeduld,
vor eingepasster Bruchstückhuld,
bis eins die Haut verkantet kratzt,
und Wut aus Kastenköpfen platzt.

In die Messer

Seitdem sie überzogen werden
mit dem Heil der Hirten Macht,
sind sie nur Schafe in den Herden,
über die der Hirte lacht.

Seitdem sie nicht erzählen können,
wo der Schuh sie wirklich drückt,
ist nichts zu schlimm, sie zu verwöhnen,
wer getreten wird, der bückt.

Seitdem sie nicht erfahren wollen,
was die Zukunft nicht mehr lehrt,
erlernen sie, Tribut zu zollen,
denn wer denkt, der liegt verkehrt.

Seitdem sie sich nicht mehr erkennen,
schwindet ihre Tradition,
sie dürfen in die Messer rennen,
denn sie leben ja davon.

Jahrelange Asche

Fische hängen in den Bäumen
aufgepeitscht aus wilden Schäumen,
strafen Blicke, die starr träumen,
mit den ihr'n den Tod zu säumen.

Langsam klettert das Entsetzen
durch stabil geglaubte Fetzen,
um zu spät dorthin zu hetzen,
wo Sekunden Messer wetzen.

Übelkeit entspringt Gerüchen
unter kaum gewagten Flüchen,
Püppchenkopf vermisst die Rüschen,
wer ihn kennt vergrämt dazwischen.

Langsam geht die Sonne baden,
neben Schicksalsbarrikaden.
Liegt die Zuversicht in Schwaden,
oder Glück der Strandsoldaten?

Trete Gleichmut in die Flasche,
ragt nach jahrelanger Asche
aus dem Sand vor meiner Tasche,
einen Luftzug ich erhasche.

Weihnachtliche Festgier

Gedanken untergraben,
zorn- und wehmütig durchweicht,
die Lust, sie nicht zu haben,
die dem Glück kein Wasser reicht.

Getrieben durchs Verlangen
wird der fettgeschwätzte Schlund,
der Appetit vergangen
ist dem ruhevollen Mund.

Das Fest wird bald vergossen,
wenn's die Gier hinunterstürzt;
Besinnlichkeit verdrossen
der Erwartung Freude kürzt.

Die Mäuler sperren Frieden
zwischen Argwohn und den Blick,
die Worte sind vermieden,
wer sie spricht, der wird nicht dick.

Dann flüchten pralle Bäuche,
noch gebläht vom alten Jahr,
in Zuversicht auf Bräuche;
Abstinenz bleibt wo sie war.

Willenlos

Die Lage ist zu transparent,
der Sklave längst sich anerkennt
in einer Zeit, die nichts verhehlt
und Menschenfeindlichkeit entseelt.

Die Augen höhlen Gegend aus
und kreuzen zweckbedingt den Graus,
durchstreifen zwischen Gier und Not
das aufgepfropfte Angebot,

Was zugemutet wird, vereint,
zerstreute Haufen sind sich Feind;
selbst wenn's noch so zum Himmel schreit,
dem zuzuhör'n fehlt Kraft dem Leid.

So bleibt der Spielball treu im Wind,
rollt hier und da, doch nie zum Kind,
es rennt ihm ständig hinterher
und ist bald willenlos wie er.

Denkerposen

Denkerposen schießen
aus dem Gleichklang in die Höh';
jede glaubt zu wissen,
dass sie überm Denken steh.
'Albernheit verdrießen'
heißt das Motto im Café;
Nasen weisen Spießen
ihrer Finger die Idee.

Denkerposen falten
ihr Gesicht in alle Welt;
jede will gestalten,
was sie in der Pose hält.
Manche dürfen walten,
doch die meisten sind verstellt;
schreiben ungehalten
in ein Buch mit ihrem Bild.

Denkerposen harren,
wenn ein Funke sie entfacht;
woll'n den Punkt bewahren,
der nur Gänsefüßchen macht.
Einige erstarren,
weil die Zukunft ihnen lacht;
meistens aber waren
sie bis jetzt kaum angebracht.

Verteidigungsmaschinen

Vertraut Maschinen, das macht's leicht,
der Skrupel jeder Logik weicht,
das Herz ist aus und schlägt Alarm,
nur Gegenschlag auf Schlag hält's warm.

Kalkül entsetzt Gedankennot,
den Zielen fehlt die Zeit zum Tod;
sie sind hinfort, noch eh wer schreit,
noch eh wer fragt: Wozu das Leid?

Die Schwaden ziehen um die Welt,
Jahrzehnte lang kein Tag, der zählt,
und findet wieder einer statt,
kein Resümee davon was hat.

Dann setzt sich fort, was einst begann,
ein Fehler zwischendurch verrann,
das Fleisch war willig, schwach der Geist,
was beides schuf, den Weg nicht weist.

Vergreister Größenwahn

Es spricht ein Greis nun frank und frei
von zwangsbekehrter Raserei,
von atomarem Großkalkül,
als wär's gewesen Kinderspiel.

Er präsentiert sein Angesicht,
verjährt und stets nur treu der Pflicht,
erklärt ernüchternd Sinn der Schuld
in medialer Doku-Huld.

Am Ende bleibt sein Resümee:
Banales Glück tat keinem weh,
und süffisant in sich hinein
lacht er die Bitte, zu verzeih'n,

Betrachter unterdessen seh'n,
die Glotze in der Ecke steh'n;
sie macht sich gut dort, samt dem Mann,
der lang nichts mehr für alles kann.

Im Geviert

Ihr Geviert erhört sie nicht,
Türen weichen aus,
Fenster scheuen frisches Licht,
leuchten Welt des Graus.

Welten tosen um das Herz,
die der Geist erzwingt;
jede, die nichts hält im Schmerz,
neues Bild bedingt.

Bilder drängen Leere frei,
binden gleiche Not,
durch das Wurmloch dringt ihr Schrei,
schweigt die Stille tot.

Worte flimmern ausgemalt,
Stille Stimmen hört;
selbst ein Schweigen ist geprahlt
im Geheimgeviert.

Ihr Geviert verlässt sie nicht,
wenn es sie beseelt;
sind sie fort, weil's Dasein bricht,
misst sie keine Welt.

Völkerhandelei

Greise ausgedienten Wahns
schritten jenseits ihres Plans
zum Ergeh'n im Jahrestag,
der schon längst in Trümmern lag.

Über diesem schwebten wach
West und Ost und dachten nach;
zwischen der Gewalten Kluft
roch das Volk betäubte Luft.

Lange nach der Sieger Fried'
ist verstummt des Volkes Lied;
wer befreit ist, ist nicht frei
als der Sieger Handelei.

Verborgenes

Verborgenes quält sich empor,
weil niemand ein Wort nur verlor;
es wölbt sich zum heiligen Schein,
darunter ist Finsternis rein.

Auf samtenen Pfoten der Macht
umschleicht es den Frieden der Nacht;
der Tag der Erkenntnis scheint nah,
doch kommt nicht, weil's immer so war.

Und brennen die Lichter einst aus,
liegt drunter verwest deren Schmaus;
Geschichtchen bedauern sein Grab,
weil's nichts zu erkennen mehr gab.

Front- und Saubermänner

Mündelbürger demonstrieren,
Freiheit darf nach Floskeln gieren,
regt die Geister nicht sehr auf,
nehmen Spukende in Kauf.

Derweil nimmt die Propaganda,
debattierend auseinander,
was nach Kontroverse riecht,
gleichgeschaltet stinkt es nicht.

Und so wuchern Honorare
bardengleicher Missionare
ins regierende Geflecht,
eine Hand die andre wäscht.

Um nun Unmut weich zu betten,
muss man nur ein Haustier retten,
macht die Ablenkung perfekt,
rührend, wie man Stimmung weckt.

Brandgestiftet wird so Frieden,
unter welchem Lügen sieden,
Saubermann gewinnt, wenn's raucht,
unter- und dann aufgetaucht.

Doch Geschichten der Kalküle
solcher immer gleichen Spiele
enden langsam Patt um Patt
im gemeinschaftlichen Matt.

Jene, die sich immer retten,
haben dann zu Recht Manschetten,
wenn man nicht mehr nutzen kann
sie als Front- und Saubermann.

Überwachung

Gut bezahlter Technikglaube
wirbt mit Sicherheitsversprechen,
denn in jeder Menschentraube
lauern neue Kopfverbrechen.

Hochgejubelt streunt die Menge,
Grenzenlosigkeit benebelt,
den Verstand treibt's in die Enge,
sieht sich durchs Gefühl geknebelt.

Madig macht man sich zeitlebens
selbst, der Freiheit zu vertrauen,
dass die Halter ihres Strebens
vor-, um sonst nichts umzubauen.

Denn dem scheinbar frohen Sinnen
fern gewahrer Sündenfälle
kann mitunter mehr entrinnen;
überreizt wird manche Zelle.

Unterdessen spreizen weiter
in der Angst vor Offenbarung
Scheren zwischen Ross und Reiter
Geister aus der Geld-Erfahrung.

Im Vertrauen aufs Verfahren,
das zum Herrn der Lage werde,
kann man Vieles offenbaren,
fern der Narrenfreiheitsherde.

Doch es lässt sich nur versichern,
was Versicherungen zahlen,
denn wer weiß schon, ob ein Kichern
blöd ist oder Wahn verfallen.

Bunker

Linientreu verschranzt
bleibt ein Rest der Welt verschanzt;
Pilze, die man pflanzt,
hat das Planspiel lang umtanzt.

Kindergartenmut
wäscht Vergiftung aus der Glut;
glaubend, was man tut,
wird im Handumdrehen gut.

Untertage plagt,
während drüber niemand klagt,
dass die Zeit verzagt
und sich unbestimmt vertagt.

Wochen sind nur Frist,
da der Puls das Herz umfließt,
bis es ihn vermisst
und Kadaverstolz verschließt.

Lebensloser Luxus

Sind sie diesem lebenslosen Luxus erst verfallen,
gläubig im Verlangen nach dem neuen Technikwahn,
sind sie erst gewohnt in neuer Sklaverei zu prahlen,
dann sind ihre Eltern stolz und Kinder untertan.

Gute Taten passen fromm in Zeiten solcher Wunder,
reiche Kinder teilen eine Welt, die keinem fehlt;
Spaß im goldnen Käfig spendet schrägen Hoffnungsplunder,
Hoffnungslose finden kaum zu weihrauchfrischem Geld.

Dieses fließt durch Taschen ausgekochten guten Willens,
eine kleine Gabe fürs Erleben des Gefühls;
fröhlich sein, fernab des vorgeführten Hungerstillens,
darf die satte Seite des gewonn'nen Trauerspiels.

Einmal ist die Zeit gekommen, da auch Kinder fragen:
Welchem Vorsatz folgten Helden ohne Heldentat?
Was ist uns geblieben aus verlognen Kindertagen?
Zukunftslosigkeit, die nach wie vor zwei Seiten hat.

Verwerfungen

Fruchtbarkeit auf lang verworfnem Land,
Öl aus seinem Schlund Begierde bannt,
über die Gefahr der Mensch sich hebt,
strauchelt in ein Glück, das bald erbebt.

Lange hält den Reiz der Zufall hin,
auch wenn er sich Zeit lässt, wird's gescheh'n,
höher unterdessen schießt der Ruhm,
nichts, was er zum Stern krönt, bleibt posthum.

Schließlich schwappt das Meer zur alten Ruh,
deckte schon so oft Kulturen zu,
diesseits war'n sie wie ein Horizont,
jenseits ihrer Zeit vom ‚Jetzt' entthront.

Suhlen

Verdeckte Schweine schützt der Dreck,
darunter suhlen sie hinweg,
im Dunkeln üben sie Verrat,
darüber Schwein kein Schwein mehr hat.

Vertrocknet fällt die Kruste ab,
weil's Wasser abzugraben gab,
zum Vorschein kommt die Schweinerei,
fossil, kein Schwein ist mit dabei.

Kopulierfilme

Szenen wilden Kopulierens,
des Geschichten-Inszenierens,
intellektueller Suche,
schlagen filmisch lau zu Buche.

Um Beziehung zu erfinden,
braucht man nicht viel Zeit zu schinden,
doch zu füllen die Momente
zwischen Akten, braucht's Talente.

Hier und da ist wahres Leben
sicherlich im Bett gegeben,
doch verschlingt's dort die Akteure,
sucht die Handlung Schluss in Leere.

Auf dem roten Teppich wieder
macht Gesichter Weihrauch bieder,
und dem Drehbuch winken Preise
geistig onanier'nder Kreise.

Stadt ohne Namen

Zur intellektuellen Ausflucht
zerr'n Gespenster ihre Stadt,
und mancher Geist vereinter Sehnsucht
Stigmata bereichert hat.

Es sei Kultur ein Kunstentsetzen,
denn die Kunst erlag der Zeit;
je schriller Künstler Messer wetzen,
umso mehr versiegt der Streit.

Es reibt die Politik sich Hände,
denn die Arbeit ist getan;
mit jeder umbesetzten Wende
boomt der Kult medial zum Tran.

Indes, gelehrt wird die Geschichte
über alles, was geschieht;
verquere Lehrerbösewichte
gern man leer ausgehen sieht.

Dazwischen schmerzt der Puls des Abriebs,
puckert auto-mobil Stolz;
ein Untertan des Oberumtriebs
dient nicht mehr und denkt ‚was soll's.'

Die Obrigkeit gar selbst muss tanzen
nach der Pfeife ihrer Pracht;
sie lieben neunmalkluge Schranzen,
der Verschwörung dargebracht.

Weit übers Land reut man ihr Funkeln,
übers Meer ward sie beherrscht,
und liegt die Stadt erneut im Dunkeln,
hat ein Schreck sie eingepfercht.

Korrekter Gang

Ich geh ihn lang nicht mehr,
den ganz korrekten Gang,
ein Dienstweg, schlau und schwer,
an Lösungen entlang.
Ich tret' die Mühle leer,
entzieh mich ihrem Drang;
es überrascht mich sehr,
wie wenig sie mich zwang.

Melde-Wesen

Ein Wesen sucht nach Köpfen,
es will Gedanken schröpfen
und nährt sich vom Verlangen,
um eine Gunst zu bangen.

Es lauert hinter Türen,
will Flure kontrollieren,
und sind sie nicht zu fassen,
folgt's ihnen auf die Straßen.

Erspäht aus Worten Fetzen,
Gesinnung zu zersetzen,
zieht freundlich durch Debatten,
verzehrt sich am Verraten.

Dann hofft es zu entdecken
in Schatten ohne Ecken,
die niemand aufgelesen,
ein neues Melde-Wesen.

Oma ausgespielt

In Leere ihrer Friedlichkeit
des jährlichen Vergehn's
wächst unverhofft Geselligkeit
mit Jahrestaggedöns.

Umarmung wuchert Gast um Gast,
die Zukunft fest im Griff;
mit jeder Hand, die sie erfasst,
verliert sie ihren Schliff.

In Seufzern löst sich alles auf,
das ihre klingt prekär,
die Gäste nehmen dies in Kauf,
ein Kuchen reicht nicht mehr.

Ob zugestanden, ob geschenkt,
geschachert vor dem Tod,
das Lächeln wird im Kopf erhängt,
sie werden nicht mal rot.

Am Fenster starrt sie nun zurück
und weiß genau warum;
wer Kinder ausspielt für sein Glück,
der glaubt nur, sie sei'n dumm.

Krieg gewinnen

Keiner kann den Krieg gewinnen,
der ihn selbst marschiert;
das Erobern und Zerrinnen
ist bloß animiert.

Jeder Sieg um Land und Glauben
schiebt nur ein Gewicht;
Schalen einer Waage rauben
sich die Skala nicht.

Was versprechen sich Gedanken
hinterm Vis a Vis?
Ist der Geist, den sie umranken,
wirklich noch wie sie?

Feinde werden meist erfunden
fern im schrägen Kopf;
wär' die Näh der Front verbunden,
wär' er bald ein Tropf.

Doch der Blutkult lehrt nur Siege,
der die Helden narrt;
Massenunschuld lebt die Kriege,
bis man sie verscharrt.

Quetschende Stimmen

Zerbröselnde Lieder
aus quetschenden Kehlen
zersetzen Gefühle
der lauschenden Lust.
Sie wollen schon wieder
die Sehnsucht bestehlen
und machen der Stille
dies jaulend bewusst.

Gezogene Zähne
verlassen die Schmerzen,
genau wie Gesänge
der Hoffnung entflieh'n.
Im Bann einer Träne,
verlogene Herzen,
bestärken die Zwänge,
von dannen zu zieh'n.

Bewundert verbleiben
bereinigte Stimmen,
bestechen den Singsang
mit Koketterie.
Sich einzuverleiben,
ein Lied zu erklimmen,
bleibt dennoch nur Mode
der Casting-Manie.

KDV

Vorbei, die Pflicht getan,
der niemand wirklich folgen muss;
Verteidigung, ein Plan,
dem, der nichts fürchtet, ein Verdruss.

Die Zeit wird schon vergeh'n,
beschworen aus dem Freundeskreis,
und dann wirst du bald seh'n,
gekocht ist selten kochend heiß.

Vergangen in der Tat,
die Fragezeit im Kriegsgewand,
Prinzipien scheinen platt,
und bleiben hinterher verbannt.

Doch Freiheit rief mich heim,
ganz ohne Tod und Uniform,
dort schloss ich meinen Reim,
verweigernd hinterher die Norm.

Verstreut

Der Wind, der einst durch Halme fuhr,
bewegte ihre Welt,
doch war es die Bewegung nur,
die diesen Wind bestellt.
Er wehte ihre Köpfe leer,
zerstreute ihr Gemüt,
wohin, weiß auch der Wind nicht mehr,
der längst woanders zieht.

Sie kommen

Sie kommen, sie kommen!
Ich hör schon ihre Lieder.
Sie kommen, sie kommen!
Ich sing erleichtert mit.
Sie kommen, sie kommen!
Die Ketten walzen nieder.
Sie kommen, sie kommen!
Ein Hoch auf jedes Lied.

Sie rufen, sie rufen,
die Stimmen wollen siegen,
sie rufen, sie rufen,
befreien unser Land.
Sie rufen, sie rufen:
Schlagt nieder alte Lügen!
Sie rufen, sie rufen,
verklingend in der Schand'.

Sie schlagen, sie schlagen,
um nichts mehr zu verlieren;
sie schlagen, sie schlagen
die Ruhe aus der Not.
Sie schlagen, sie schlagen
an angstbewachte Türen;
sie schlagen, sie schlagen,
sie schlagen uns jetzt tot.

Je vergessen

Nichts ist je vergessen,
was Verlogenheit erschuf,
scheinbar unterdessen
siegt der ewig gute Ruf.

Niemand schätzt die Zukunft
als Gedankenspeicher ein,
denn die Übereinkunft
lässt Vergangenheit allein.

Kann es kaum erwarten,
bis die Spannung Fragen reißt,
was gezinkten Karten
einen Pyrrhussieg erweist.

Immer fetter

Wir wurden immer fetter,
wir wurden rund und glatt,
die Menschen wurden netter,
weil ‚nett sein' doch was hat.

Wir sind im Fett versunken,
und suhlen uns im Schmant,
zerfließen um das Tunken
der feist gerührten Hand.

Wir werden wieder mager,
vertilgt im Fluss der Zeit,
verkrusten für die Nager,
die altes Fett befreit.

Wissensneurose

Mit der Rechten greift er gierig
nach den Hälsen ohne Wissen,
mit der Linken schlägt er zwingend
Kompetenzen ins Gesicht;
Sympathien wirken schmierig,
wenn sie jenen schätzen müssen,
der, Profile sich erringend,
mit Neurosendornen sticht.

Scheut sich einer nicht, zu fragen,
was die Nachricht denn zu tun hat
mit dem Zorn des Überbringers
 - denn der Ton macht die Musik -,
weiß der ‚Wisser' nichts zu sagen
und ergreift mit seiner Wohltat
dann die Flucht vor Seitenspringers
Unverfrorenheitsgeschick.

Kind und Hund

Die Wohnung für die Töle
und den Käfig für das Kind;
aufs Jaulen aus der Höhle
sich der Tierschutz bald besinnt.

Konservierte Götter

Es werden Götter konserviert,
entreißen ihrer Macht das Spiel,
im Wettlauf fault, was balsamiert,
genährter Tod als Lebensziel.

Die Gräber sind der Welt geglückt
im All-Moment des Untergangs,
allein der Glaube hat bestückt
Legenden jedes Neuanfangs.

Die hehren Fürsten dämmern fort,
geliebt, gehasst - mit Blatt vorm Mund,
durchwuchert bleibt ihr alter Ort
von Ängsten aus dem Untergrund.

Menschenleben Tag für Tag

Verlorne Menschenleben Tag für Tag,
ich rate kaum, woran es liegen mag,
ich rechne müd' der Toten Mörder auf:
Nur <u>ein</u> Gesicht im Todesdauerlauf.

Ich frage heut, warum es gestern war,
und Morgen erst wird mir das Heute klar.
Warum nicht jetzt versteh'n, was jetzt passiert?
Damit ich will, wohin mein Weg mich führt.

Vergessner Mut ist bald durch Glück ersetzt,
auch wenn das Schweigen es durchs Leben hetzt,
ich lauf voraus, dann bin ich stets dabei;
das Ziel begnadigt nur, doch macht nicht frei.

Brot

Früher hat man Brot gebacken
und es dann an uns verkauft,
heute Industrie am Hacken,
die sich drum und um uns rauft.

Hunger war die reine Quelle
für den puren Appetit,
übersatt nun nur zur Stelle
mit Geschmacksverstärkungskit.

Was einst Laibe, sind Produkte,
Cerealien sind bewusst;
während sonst der Kunde guckte,
sucht sein Essen heut nach Lust.

Von der offnen Bäckerstube
hinter Türen mit Patent
zog der einst'ge Bäckerbube
ins Investment als Ferment.

VIPs

Ein Barde nennt sich VIP,
im Flugzeug reicht's zur Ersten nie,
nun reist er in Economy,
am Fensterplatz der Comedy.

Ganz vorne sitzt das Kabarett,
so alt, doch abgeschirmt im Fett,
ist nicht zu allen Leuten nett,
doch macht's die erste Klasse wett.

Dazwischen das Establishment,
im Business, das beides kennt;
die einen neugebildet weich,
die andern Bild erneuernd reich.

Verdorrtes Leid

Ein Kind, das zwischen Stühlen sitzt,
in Schattenwerfers Schatten schwitzt,
darüber wacht die Welt, gemein,
denn ihr erscheint der Schatten klein.
Doch der verschluckt ein stilles Herz,
derweil ergraut sein großer Schmerz;
im Puls der Not verschwimmt die Zeit,
braucht sie zu lang, verdorrt sein Leid.
Ein Kind, das zwischen Stühlen saß,
sich selbst in seiner Welt vergaß;
was übrig bleibt ist nur Gestalt,
der Blick noch jung, die Augen alt.

Wissenschaftslobby

Fast war es bewiesen,
dass das All sich dehnt und streckt;
Gelder dafür fließen,
dass die Theorie sich deckt.
Würd' es nun beweisen,
dass es doch nicht ganz so ist,
müsste man entgleisen,
dass der Mammon weiter fließt.

Denn das Opportune
trifft nicht nur der Menschen Kraft,
jede neue Rune
denn Erklärungsnöte schafft.
Diese aber schwächen
jede schöne Theorie;
würde sie zerbrechen,
wär' die Lobby kein Genie.

Gerinnselgören

Es fällt der Klecks im Bogen
auf die Insel,
zu zerstören.
Der Maler hat betrogen
mit dem Pinsel,
zu betören.
Der Einschlag glättet Wogen
im Gewinsel
schlauer Gören.
Sie sind dazu erzogen,
dem Gerinnsel
zu gehören.

Trauert die Society

Trauert die Society,
ist oft Leichenfledderei
ein Geschäft der Agonie,
kauft die Lust vom Schicksal frei.

Tritt im Taumel einer ab,
sieht so mancher Künstler Rot;
auf dem Trittbrett um das Grab
wird der Schmus zum täglich Brot.

Einzig die verhasste Welt,
die Geschäfte süchtig macht,
glaubt an das, was keinen quält,
und sich fortpflanzt ohne Pracht.

Menschen zollen

Warum lassen sich bewegen
Massen, sich ins Grab zu legen;
warum lassen sie sich stehen
beim Verruf, dem zu entgehen?

Warum wollen alle leben,
um im Nehmen sich zu geben;
warum geben sie sich selten
ihrem Leben hin, zu gelten?

Warum wählen alle Kleingeist
und ergeben sich als scheindreist;
warum können sie nicht wollen
und den Geistern Menschen zollen?

Kein Wolf im Schafspelz

Er sollt ein Wolf im Schafspelz sein,
doch war nicht Wolf und auch nicht Schaf,
er dachte frei, das war nicht fein,
enthob das Schweigen aus dem Schlaf.

Die Rudel und die Herden schrien,
die heile Welt war derangiert,
die Schafe, abgewandt, verzieh'n,
und Wölfe fortan irritiert.

Die Maskerade flog fast auf,
weil einer aus der Rolle fiel,
nimmt zwar behelligt ihren Lauf,
doch Schafe drängt kein Licht zum Ziel.

Neue Biedermänner

Der neue Biedermann ist mau,
verliert sein einst gelebtes Grau,
das Glück im stillgelegten Traum
entspricht den Träumereien kaum.

Und auch die ungeahnte Macht,
die tief in Biedermännern wacht,
verkümmerte von Ahn zu Ahn
und hat dem Leben nichts getan.

Der neue Biedermann ist schlau,
noch niemals war das Grau so blau,
er hält die Wünsche nun im Zaum,
denn was real ist, braucht er kaum.

Beschattet

Behindert

Hand an Hand im Stolperschritt,
Blicke taumeln scheinbar leer,
teilen sich verloren mit,
stellen sich den Gaffern quer.

Und die Welt zerspringt im Nu
in die Ordnung und das Leid;
starr nur hin, dann leidest du
an der Unwillkürlichkeit.

Fremd verlautbart macht dir Angst,
was das Leben gleichsam liebt.
Ist's die Norm, um die du bangst,
oder Form, die sich ergibt?

In Gesichtern suchst du nichts,
weichst bizarrem Lächeln aus,
denn der Schönheit geraden Lichts,
ist die Reflexion ein Graus.

Schon vorbei und nicht zurück,
um dem Leiden zu entgeh'n,
schnellt dein gottverdammter Blick,
keine Not hat ihn geseh'n.

Die einzige Blamage

Kaum sichtbar hinterm Steuer
predigt Mami Umweltschutz;
ein Autoungeheuer
als Persönlichkeitsverputz.

Der Papa sammelt Kröten
fürs Getriebe des Systems,
denn das ist auch von Nöten
zur Erhaltung des Problems.

Im Stau bekehrte Kinder
schwören Rache in der Ruh,
als Quengelwarenfinder
hör'n sie gern noch etwas zu.

Derweil verspricht der Abend,
auch die Mama zu versteh'n,
denn Papa, sich kurz labend,
wird ja bald schon wieder geh'n.

Es schweigt in der Garage
sein Vermächtnis in die Nacht;
die einzige Blamage
ist ein Bankemblem, das wacht.

Spiele

Aus Gladiator mach Figur,
aus der Arena Spielfeld nur,
aus Brot bei Spielen mach Pommes Frites,
aus Streitaxthieb mach Stollentritt.

Aus Volkes Zorn mach Fans nach Maß,
aus 'Daumen runter' Riesenspaß,
aus Imperator VIP,
aus Jubel Trötenrhapsodie.

Aus altem Ruhm mach neuen Hype,
aus Göttertum mach Profileib,
aus Aureus noch Euro-Aus,
aus dem was war, wird Gleiches draus.

Krokoledermoral

Gewildert ward das Krokodil
und schadete dem Taschenstil,
doch Dekadenz umsorgt sein will,
gezüchtete Moral ist schrill.

Drum wächst im Tank das Schlachtreptil,
erzählt dem It-Girl ja nicht viel,
es ist der Moralisten Ziel,
das Leben ist ein Wirtschaftsspiel

Pfingstnotdurft

Das Pfingstgrün sprüht Klischees aufs Land,
die Städter hat die Flucht verbannt,
zu frönen ihrem Widersinn,
was sie beschwert, muss mit dort hin.

Befremdlich scheint es dem Voyeur,
der See kippt um zum Menschenmeer;
im Park, wo er sich sonst genoss,
legt seine Leidenschaft sich bloß.

Ein jeder scheint entdeckt zu sein
von Lebenslust im Sonnenschein;
ein Abdruck ihrer grauen Welt,
der neben Abfalleimer fällt.

Die Hinterlassenschaft im Duft,
der nicht nach Rosen länger ruft,
vermengt den Nachmittag mit Dunst
und abgeklatschter Lebenskunst.

Der neue Morgen, keine Zier,
in Notdurft träumt das Notquartier;
am Horizont erwacht die Stadt,
die keine Not zu dürfen hat.

Offline-Moment

Die Angebundenheit war rund
und garantierte keinen Schwund,
Routinen waren das, was zählt,
die ganze Welt war eingewählt.

Ich fragte mich, wo ist es hin,
das Leben, welches Menschen zieh'n,
doch dann gewann der Datenstrom
als geisthybrides Zugphantom.

Ganz plötzlich falle ich zurück,
und kein Signal erfährt mein Glück,
Relikt aus dem Vergangensein,
so angeleint und nicht online.

Schon finde ich die Einfachheit
erfahrner Altertümlichkeit
als Parallele im Verzug;
ich hab vom ‚Up-to-date' genug.

Doch fühl ich, dass kein Halt mich hat,
und weiß, er könnte in der Tat,
bis heimlich jemand repariert,
was online mich re-installiert.

Im Schatten

Ein Schimmer weilt im Schatten,
fern des Einblicks aus der Flucht,
er möchte nichts verraten,
nur empfinden, was ihn sucht.

Im Schatten

Kleine weiße Rose, 125
Der Seel' die Hand, 125
Piraten, 126
Auf der Schaukel, 127
Ein Herz klopft an, 128
Sperrstunde, 128
Entführt, 129
Novemberwoche, 129
Das Ungewisse, 130
Kerze für die Seele, 131
Sprachlos, 132
Sommerflaute, 133
Duft von Zirkusabend, 134
Ins Gelbe, 135
Alles in dir, 136
Lasst mich geh'n, 137
Romantische Stunden, 138
Bei dir hernach, 139
Wolkenkonvoi, 140
Von ewig her, 141
Winterlied, 142
Seltenes Bild, 142
Der letzte Tanz, 143
Wer sucht, 143
Liebeslieder Liedeslieb, 144
Wetteränderung, 144

Wahre Freude im Gefühl, 145
Erinnerung an einen
Menschen, 146

Schwere Leere, 147
Dieses Licht, 148
Stimmung spielen, 149
Winterdämmern, 150
Mensch-Maschine, 151
Ihr Lächeln, 152
Spätsommererinnerung, 153
Efeu, 154
Ohne ein Geheiß, 155
Am Schillern labend, 156
Schwanenruhe, 157
Kussmund, 158
Mückentanz, 158
Stimme hören, 159
Sterne im Wasser, 160
Ende einer Zeit, 161
Magie im Traum, 161
Sehnsucht trinken, 162
Aus den Elementen, 163
Schnappschuss der Ewigkeit, 164

Kleine weiße Rose

Eine weiße Rose
leg ich auf ihr Grab;
Tränen ich liebkose,
die der Regen gab.
Streichle ihre Blüte,
die den Schmerz versteht;
möchte, dass sie hüte
Blick, der nicht vergeht.
Eine weiße Rose
schwindet hin zu ihr;
kleine weiße Rose,
bist ein Teil von mir.

Der Seel' die Hand

Das Leid beendet nicht die Lieb',
die je der Leidende vergab;
es geht der Tag, der es vertrieb,
doch bleibt die Liebe überm Grab.

Und findet einer jenes Herz,
das solang suchte und nicht fand,
dann nehm' er ihm den letzten Schmerz,
und reiche seiner Seel' die Hand.

Piraten

Die Wellen spiegeln fahlen Schein,
in Seelen schaut der Mond hinein,
die einen folgen ihm zur Nacht,
den andren er ins Finstre lacht.

In Stille gleiten sie dahin,
so trügerisch der weite Sinn,
nur Wasser findet seinen Halt,
die Angst gilt tiefer Ungestalt.

Ein Lächeln auf ‚Hab Acht' sucht Ruh,
der Käpt'n nickt dem Ersten zu,
der winkt Matrosen aus dem Tag,
das Glück ein Einseh'n haben mag.

Im Dunkeln doch harrt ein Moment,
ein Augenpaar, das niemand kennt,
die Zeit zu kurz, um zu versteh'n,
es gibt daheim kein Wiederseh'n.

Sie gleiten weiter fern vom Ziel,
die Totenstille teilt der Kiel,
im Schrei der Möwen schweigt die See,
im Fluch verschollen, fern das Weh.

Auf der Schaukel

Auf der Schaukel wachsen Flügel den Gedanken,
und mein Kopf ist wie ihr eingelegtes Nest,
zieh'n hinweg und über zweifellose Schranken,
kehr'n zurück, wenn man sie Ruhe finden lässt.

Jeder Blick zieht unumwunden fern der Szenen,
streift das Licht, das ihn von überall erhellt,
trifft Gedanken, lässt sie gerne an sich lehnen,
beide ungebunden in entschärfter Welt.

Frank und frei, egal ob fallend oder fliegend,
ist die Freude dem Verstand ein Stück voraus,
wie mein Körper, trotz der Schwerkraft sich doch wiegend,
das Gefühl im Bauch ist wie ein Schlussapplaus.

Bin zurück, der Boden hat mich schließlich wieder,
ferngesteuert und die Sinne viel zu scharf,
jene Freiheit, die mich trug, verlässt die Glieder,
bleibt im Lächeln, das sich still gewiss sein darf.

Ein Herz klopft an

Manchmal klopft ein Herz nur an,
weil es gar nicht anders kann,
schlägt zu laut für sich allein,
's ist zu eng, ums rauszuschrei'n.

Findet keinen Puls hinaus,
Labyrinth im Schneckenhaus;
hörst du's pochen an der Wand,
liegt das Herz schon in der Hand.

Wart nicht lang, sonst wird es still,
dann verlässt es dein Gefühl,
folgt dem Echo, rundherum,
in die Tiefe und bleibt stumm.

Sperrstunde

Kaffee verliert Geschmack an Dunst,
gekringelt langweilt Tabakkunst,
die Zeiger haben Zeit verhunzt,
im Schein der Kerze Feuersbrunst.

Geräusche finden keinen Zweck,
verlassen ungestört den Schreck,
er kehrt zu spät zurück zum Fleck
und zieht im Selbstgespräch hinweg.

Noch zirpt das Neonlicht ‚herein',
doch mottet letzte Schatten ein,
ein Trinkgeld lächelt zwischen Zwei'n,
ein andres einem armen Schwein.

Entführt

Der Tod hat deine Seel' entführt,
so weit von hier, nicht nah bei mir;
in ihrer Näh hätt' ich gespürt,
wie's Leben geht und nicht verweht.

Entreißend aus dem Hier und Jetzt,
in einer Welt, die nichts erzählt,
hat mich der Tod zutiefst verletzt,
nicht durch den Schlag, doch fern der Klag'.

Ich such verzweifelt nach der Ruh',
es ist so still, ganz ohne Ziel.
Wenn man sich sieht, hört man sich zu.
Was kündet Wind von dem, der sinnt?

Der Tod scheint untreu, immerfort,
die Trauer weint um ,was sie eint',
und findet er zu meinem Ort,
dann frag ich ihn, wo du bist hin?

Novemberwoche

Verregnet ist der Sonntag
und am Montag schwarz die Nacht,
tags drauf ich keine Pflicht mag,
die zur Mitte lang noch macht.
Der Donnerstag, Sonn' habend,
doch der letzte Werktag unkt,
der Sonnabend den Abend
schon in Sonntagswolken tunkt.

Das Ungewisse

Das Ungewisse zieht die Zeit
und schleppt ihr Schicksal fort,
die Schwingen tragen Körper weit,
doch nur von Ort zu Ort.

Getrieben fern des letzten Ziels
scheint alles zu besteh'n,
im Dunklen liegt der Sinn des Spiels,
davor nur sein Vergeh'n.

Ich schau den Vögeln hinterher
und glaub an ihren Flug,
doch wiegt der Wunsch im Herzen schwer,
allein nicht leicht genug.

Ich bleib zurück, sie ziehen hin,
im Traum nur schwinden sie,
doch sind sie so, wie ich auch bin,
nur Grund der Phantasie.

Kerze für die Seele

Gestern liegt im Hauch der Sonne
noch die Wehmut roten Weins,
heute schenkt der Mond die Wonne
der Besinnlichkeit des Seins.

Leichte Tage sind vergangen,
schwere kommen nicht umhin,
zwischen Jahren nun befangen,
in Besinnlichkeit zu zieh'n.

Aus den trüben Illusionen
fällt die Wohltat in den Tag,
wenn die Spleens, die uns bewohnen,
keiner von uns länger mag.

Eine Kerze für die Seele
folgt den andern ins Geviert,
und die Tage, die ich zähle,
keine Sorge irritiert.

Sprachlos

Wo sind deine Worte heimlich hin gegangen,
sehe ihre Lippen nun im Frieden vor der Nacht;
rot, als ob sie blutig einen Sieg errangen,
viel zu einfach hat sich diese Stille breit gemacht.

Kann Gewissensbisse nicht in Ruhe stillen,
Schweigen ist ein Kampf der die Debatten schnell besiegt;
weit entfernt sind wir von unsrer Treue Willen,
schauen nur die Dinge, denen kaum an uns was liegt.

Aus dem Untergang der Sonne wuchern Schatten,
- immer noch versuchen deine Lippen altes Licht -,
um die Angst, in einen Abgrund zu geraten;
Nacht für Nacht bereit, doch du und ich, wir war'n es nicht.

Eine Brise schwappt herüber, kalt wie Herzen,
früher war sie Luft, die unsern Atem hat erwärmt;
um es uns mit ihr auf Dauer zu verscherzen,
war'n wir nie verlegen und zu leichtfertig verhärmt.

Nun ist Nacht, die Luft so rein nach all den Klagen,
so als ob die Antwort die Geschichten nicht vermisst;
doch ich seh' ein kleines Wölkchen darin fragen,
Atem aus dem Mund, den meiner vorsichtig nun küsst.

Sommerflaute

Zum Herbst verkommt der Frühlingswind
verschwendet Sommers Zeit;
Gedeihen sich auf Frucht besinnt,
doch kaum im bunten Kleid.

Der Himmel schaufelt Wolken nach,
er kann nicht einfach sein;
die Stadt legt Wünsche lustlos brach
und lässt das Land allein.

Ergraut schlussendlich der Verdruss,
erlöst ihn doch kein Licht;
im unerschütterlichen Guss
übt Hoffnung Selbstverzicht.

Duft von Zirkusabend

Noch Duft von Zirkusabend schwebt,
ein Blatt hindurch schon Kühle webt,
erinnernd wärmt der süße Schwall,
besinnend flüstert Blattes Fall.

Das Rot am Horizont ergraut,
Laterne durch die Zweige schaut;
die eine Wohligkeit verfließt,
die andre goldnes Gelb genießt.

Versprengtes Kinderlachen schweigt,
die Stimmen sind sich zugeneigt,
ich schau in ein Gesicht, das summt,
die Lieder sind schon längst verstummt.

Die Schritte führt die Nacht nach Haus,
den Morgen bald zum Jahr hinaus,
ein Blick zurück scheint sonderbar,
's kommt wieder - nicht, wie's gestern war.

Ins Gelbe

Die goldne Zeit beschleicht das Land,
vergilbt der Blätter Stimmungsbild;
spazierte Ruhe, Hand in Hand,
kaum mehr zur Illusion gewillt.

Der Himmel schwindet, blau zu weiß,
kein Stimmungsmacher mehr voraus,
Kontraste locken Blicke leis',
beruhigend traurig schau'n sie aus.

Ein wenig Licht ist überall,
beschert die Farben wie sie sind;
kein prahlend scharfer Sonnenstrahl
macht sepia Getöntes blind.

Ein Künstler ist des Herbstes Luft,
sie zeichnet Bilder weich und matt;
gebettet in den flauen Duft,
geh'n wir auf schattenlosem Pfad.

Alles in dir

Lausche auf den Wind, und fühl die Luft, die ihn erzählt,
Stille kühlt den Abend, der mit Zauber dich beseelt,
nun erfüll Gedanken mit dem Duft geheimer Welt,
schweigt die Brise, zeigt sie, dass den Weg sie nicht verstellt.

Tief entspannt kannst du erfahren, was das Land erfährt,
bist du auch gebunden, bleibt der Fortgang nicht verwehrt,
Sinneswandel findet selbst, was Phantasie nicht lehrt,
nimmt der Fluss dich bei der Hand, entschwebst du unbeschwert.

Fragen sind nicht länger wirre Lichter ohne Ziel,
alles schmilzt in die Magie und passt ins Wimmelspiel,
suchst du weiter, spürst du, dass es dir gehören will,
nichts bleibt mehr zu tun, nur du allein bestimmst, wie viel.

Schließlich widerfährt dir die Unendlichkeit allein,
was nicht heißt, nicht auch realitätsbewusst zu sein,
wenn du dann erwachst, hast du gelernt, dich zu befrei'n,
wirst du's wieder müde, find dich einfach wieder ein.

Lasst mich geh'n

Was nutzt mir abgestumpfte Kunst,
die das, was lebte, repariert?
Ich fühl mich durchgelebt verhunzt,
wem immer Dank dafür gebührt.

Die Zeit war reif, ich sollte geh'n,
verlängert durch die Möglichkeit,
den Aufwand will ich nicht versteh'n.
Wohin hilft mir sterile Zeit?

Verweigern werd' ich mich fortan,
das schweigt und kostet nicht die Welt,
auch spenden werd ich kein Organ,
nur für mein Kind, das Fragen stellt.

Drum lasst mich, wo ich wirklich bin,
betäubt nur meinen letzten Schmerz,
ich werde dankbar sein mithin
für eine Stille durch mein Herz.

Romantische Stunden

Ich suche die Liebe
romantischer Stunden,
romantischer Stunden
im Lebenskalkül,
doch finde nur Triebe
traumatischer Runden,
bedeuten nur Wunden
in meinem Gefühl.

Ich wehre den Liedern
beengender Ferne,
die Nähe der Sterne
erhellt mein Gemüt;
ich möchte erwidern
und löse mich gerne,
damit ich erlerne,
was manchmal geschieht.

Es führen die Nächte
ernüchternd zu Tage,
den Kuss mit der Frage,
von Floskeln vermummt;
im Lächeln, Geflechte
erwachender Plage
erneut mit der Klage,
da Liebe verstummt.

Bei dir hernach

Nun bin ich doch bei dir hernach,
wir werden langsam wieder wach,
versprengt durch Zeit wir einsam war'n,
wir fehlten uns seit tausend Jahr'n.

‚Warum' ist kaum mehr von Belang,
die Weisheit schweißt das Jing und Jang;
auch wenn aufs Neue wir entzwei'n,
am Ende wird es Eines sein.

Das Leben spielt nur ein Gefühl,
das sich in Ahnung mischen will;
es muss so sein, um zu versteh'n,
wo hin und nicht warum wir geh'n.

Der Kreislauf schickt uns wieder fort.
In welche Zeit, zu welchem Ort?
Es gibt kein Vor und kein Zurück,
nur vom Verständnis uns ein Stück.

Wolkenkonvoi

Die Vorhut führt die Flotte an,
erstreckt sich durch das stille Blau,
das Wolkenschlachtschiff im Gespann,
mit weiß erhabnem Überbau.

Sie zieh'n am Horizont entlang,
noch leuchtet uns das Abendrot,
doch tief im Sonnenuntergang
erlischt im Dämmern jedes Boot.

Heran geweht vom dunklen Tross,
ein Wind, der sein Vermächtnis trägt;
die Ruhe vor dem Sturm verfloss
in diese Kühle, die bewegt.

Die Müdigkeit versäumt die Zeit,
zum Morgengrauen wird es klar:
War jenes Schiff nur im Geleit,
bleibt alles, wie es gestern war.

Von ewig her

Ins Dunkle zerrt die Tiefe Licht,
wohin es führt, ich weiß es nicht,
nur meine Ahnung lebt darin
und lässt in Phantasie sich zieh'n.

Die Oberfläche weicht dem Raum,
ich folge ihm, wie Tag dem Traum,
verlier die Sinne ans Gefühl
und spüre was der Kosmos will.

Ich nehm' es mit zurück nach Haus
und schlafe ein, das Licht ist aus,
doch weiß ich nun um so viel mehr:
Was uns durchzieht, ist ewig her.

Winterlied

Zieht doch so mein Winterlied
in die Nacht hinein,
hallt noch nach, was auch geschieht,
was ich fühl, ist mein.

Summ es wieder hinterher,
findet sich in Ruh'.
‚Die Erinn'rung ist nicht schwer',
flüstert es mir zu,

Hör die Stille, wie sie singt,
bringt die Zeit zurück,
und beruhigend dann verklingt
das bewahrte Glück.

Seltenes Bild

Auf ihrer Zunge schmilzt die Flocken lautes Lachen,
im Glanz der Augen will Erwartung Freude machen,
das gute Herz erwärmt mit Atem kalte Schwaden;
in schwerer Menge, eine Seele - unbeladen.

Die kleinen Stiefel dreh'n im Schneefall weiche Schritte,
die Hände, weit, umarmen alles fern der Mitte,
ein Klang wie Glocken lässt die Stimmung überlaufen,
sie kümmert nicht, was Glöckner dort verstimmt verkaufen.

Die großen Blicke zieh'n befremdet ihrer Wege,
sie scheu'n das Glück und kommen ihm nicht ins Gehege,
so tanzt es fort und wird im Schlafe ehrlich träumen,
ein Bild, so selten, wird die Hoffnung nicht versäumen.

Der letzte Tanz

Unser Tanz, verloren in der Augen Müdigkeit,
höchster Preis, beschworen durch die Selbstvergessenheit,
kannst dich kaum noch lösen, wie noch ich gebunden bin,
Tränentropfen flößen sich in Runden, die wir zieh'n.

Melodien verklingen, als wir Liedern nicht entgeh'n,
woll'n sich um uns schlingen und der Fliehkraft widersteh'n.
Hände sich verlieren, da der letzte Kuss verblasst,
wenn Gefühle irren, keine Chance sie mehr erfasst.

Wer sucht

Ich habe die Uhr mit der Stille belebt,
die Ruhe der Fenster in Wände geklebt,
Tapeten auf Mauern mit Blicken erdrückt,
aus Mustern noch einmal Gedanken gezückt.

Die nächsten Momente verplomben die Wacht,
ich wache solang, bis die Zeit etwas macht,
sie läuft einfach weiter und nimmt alles mit,
das ‚Allesumfassende' ist wie ein Ritt.

Ich werfe mich ab, und die Uhr - sie bleibt steh'n,
Sekunden wie Tage im Kreise vergeh'n,
die wahre Entdeckung bleibt leer und so frei,
wer sucht, nicht zu finden, ist bald mit dabei.

Liebeslieder Liedeslieb

Es zieht der Mond mein Liebeslied
dorthin, wo nichts mit ihm geschieht,
ich koste alle Strophen aus,
nur der Refrain ist ihr Applaus.

Verklungen bald die Melodie,
die Worte suchen wie noch nie,
verloren haben sie ihr Licht,
das sie zum Morgengrauen bricht.

Schon zerr'n Geräusch an der Ruh,
ich höre hin, doch noch nicht zu,
bis mich die Liedeslieb erfasst,
die Liebeslieder scheinbar hasst.

Wetteränderung

Die Kühle steigt verschwiegen
mir unter meine Haut;
die Wallungen versiegen,
die nur der Sommer braut.

Mein Atem findet Muße,
hat Platz in jedem Zug;
das Wasser, mir zu Fuße,
hat auch vom Licht genug.

Darüber schillern Blätter,
verschweigen nicht die Luft;
ein Zeichen, dass das Wetter
nach Änderungen ruft.

Wahre Freude im Gefühl

Es ist ein Licht,
psst, siehst du nicht,
es träumt dir Sternchen ins Gesicht,
du schniefst noch müd',
doch es geschieht,
dein Teddy brummt ein Weihnachtslied.

Nun sind es zwei,
noch nichts vorbei,
der Schnee lässt deine Wünsche frei,
du riechst die Luft,
und diesen Duft,
komm rein, der warme Weckmann ruft.

Die dritte Kerz',
es hüpft dein Herz,
vergessen ist fast jeder Schmerz,
nicht lange mehr ...
du ahnst schon, wer,
dein Köpfchen sucht gespannt umher.

Im Viererbund
erleuchtet 's rund,
Adventkranz staunt im Kindermund,
dann wird's kurz still,
so's Christkind will,
danach fällt Freude ins Gefühl.

Erinnerung an einen Menschen

Erinnerungen, ungelebt,
weil sie schon längst vergangen sind,
das Leben sich durch Sehnsucht webt,
wer führt den Menschen aus dem Kind.

Erinnerungen, einst geliebt,
bedeuten oftmals nur den Schein,
wo sind die Menschen, die's nicht gibt,
sie müssten doch geboren sein.

Erinnerungen, ausgeweint,
die Stille spült die Seele leer.
Wann ist sie mit dem Herz geeint?
Ich wünscht' es diesem Menschen sehr.

Schwere Leere

Leere
durchdringt Minuten nach dem Abschied,
Leere
erfüllt die abgelenkte Zeit,
Leere
erschleicht sich Stille, der man zusieht,
Leere
ist nur die Schwere vor dem Leid.

Schwere
belegt das lang ersehnte Nachtlid,
Schwere
erleichtert Träume ums Geleit,
Schwere
verhindert, dass sie nicht hinfort zieht,
Schwere
macht sich im Hoffnungsschimmer breit.

Hoffnung
ist in der Kette nur ein Stützglied,
Hoffnung
hat nie den Gram an sich befreit,
Hoffnung
benötigt Leere, die zu ihr flieht,
Hoffnung
zieht Leid in Schwerelosigkeit.

Dieses Licht

Ich weile fasziniert in diesem Licht,
ergebe mich der Schatten Dimension,
denn diesen fehlt am Abend das Gewicht,
zu trüben meine stille Reflexion.

Es treiben meine Blicke ungestört,
durchqueren ohne Mühe den Moment,
der Mittelpunkt des Lichts sie kaum berührt,
Nuancen nur Erinnerung erkennt.

Gelegentlich erwacht der Horizont
und führt die Schwärmer bald umnachtet fort;
entfernt vom Ziel und dem, wo man sonst wohnt,
sind sie und ich, doch fürcht ich nicht den Ort.

Ich ahne, dass ich nur dem Licht gehör,
auch wenn die Wirren es zuweilen zerr'n,
es ist ja da, selbst wenn ich mich verlier,
zur Nacht erlaubt es mir, mich nicht zu irr'n.

Stimmung spielen

Ach könnt ich meine Stimmung spielen,
ihren Tönen Laut verleih'n,
ach könnt ich Melodien fühlen,
um mit ihnen frei zu sein.

Ich sehne mich nach dieser Bindung,
die die Harmonien stimmt;
nur Liebe aus Musikempfindung
Liebende ins Lied mitnimmt.

Dem Frieden, dem ich gerne lausche,
fehlt doch immer mein Geschick,
und da ich mich mit ihm berausche,
bleibt er ohne mich im Glück.

Ach könnt ich meine Stimmung spielen,
die verklingend mit mir geht,
denn nur ein Instrument kann stillen,
Sehnsucht, die nach Liedern fleht.

Winterdämmern

Seelen wärmt der Wintermorgen,
Licht erhellt sie ohne Zwang,
Schatten schlafen frei von Sorgen,
schützen Träume vorm Belang.

Hoffnungsfarben alter Zeiten,
malen Stimmung, fern der Welt,
gestern fragte ich nach Weiten,
heute ahne ich, was zählt.

Kälte ist ein grauer Schleier
um das Irrlicht eitlen' Scheins,
fühl dein Herz nur als Befreier,
schenk dem Tag die Chance des Seins.

Mensch-Maschine

Erhitzte Wangen lebt das Feld,
Gemeinschaft sich der Ernte stellt,
mit vielen Händen treibt voran,
was einer nicht allein tun kann.

Sie steh'n zu sich, in Lohn und Brot,
doch trennt sie nicht das Abendrot,
der Morgen macht den Tag nur neu,
Bewährtes schenkt der Duft von Heu.

Das Unheil kommt oft über Nacht,
ein Geist aus Augen Lichter macht,
berauben einen Sommertraum,
wer nicht erwacht, den stört es kaum.

Vergangenheit und Gegenwart,
verewigt bis die Zeit erstarrt,
im Nu verschluckt sie den Moment,
den kein Maschinenmensch mehr kennt.

Ihr Lächeln

Ihr Lächeln bleibt mir noch gewahr,
es musste schließlich mit ihr geh'n,
Gefühle waren offenbar,
jedoch zu schwer, um zu versteh'n.

Exotisch schien ihr Temperament
still schlummernd durch das Augenlicht;
Melancholie zum Firmament,
wo sonst der neue Tag anbricht.

Das Ferne zog mich in den Bann,
entführte mich zu ihrer Näh',
doch Küsse nur das Bild ersann,
sie taten unbeschreiblich weh.

Das kleine Glück in unsrer Zeit,
allein durch Worte ausgedehnt,
entsprang mit jeder Nacht erneut,
in Liebe, die sich müd' gesehnt.

Von einem auf den andern Tag
verließ die Hoffnung den Verstand;
Sie war nur fort, als ich erlag
der Stille aus entferntem Land.

Spätsommererinnerung

Der Dunst der Dämmerung entführt den Blick,
im Duft des Korns erinnre ich das Land,
die Hitze weicht Gedanken Stück für Stück,
zwei Schatten, ich an meines Vaters Hand.

Geborgenheit der Zeit hält langsam Schritt,
das Stroh wirft Fragen auf im jungen Geist,
die Antwort führt Erfahrung liebend mit,
derweil ein jeder Ballen Wege weist.

Der späte Sommer bald dem Herbst schon weicht,
von Jahr zu Jahr ein wenig mehr entrückt,
ich drück sie fest, die Hand, die mich erreicht,
zu schnell verlieren Felder, was sie schmückt.

Ich bin im Ziel erwacht und doch so fern,
schon wieder hinterlässt die Ernte Stroh,
die kleine Hand in meiner löst sich gern,
erfasst ein Bündel Halme und ist froh.

Efeu

Der Efeu klettert um das Haus,
umgarnt Romantik alter Zeit,
die Fenster schauen müde aus,
Gardinen dämmern unbefreit.

In Regentropfen schillert Wind,
er flüstert Träume ins Geflecht,
wir war'n, wie Kinder einfach sind,
die Jahre, schnell - Erinn'rung, echt.

Ich streichle eine Träne fort,
das Blatt hält inne, zeitumspült;
mein Schweigen bricht die Sehnsucht dort,
wo jemand ihre Wurzeln fühlt.

Ohne ein Geheiß

Hier steh' ich nach der Odyssee,
vorm Licht des Mondes Licht ich seh';
das kalte Weiß wies mir die Nacht
in Wege, die mich Heim gebracht.
Einst lockte es mich, fort zu geh'n,
um Lichter dieser Welt zu seh'n;
allein verblieb es stets ganz treu,
was mich verführte, gab sich scheu.
Ich folgte weiter seinem Bann,
verdunkelte sich dann und wann,
doch ließ im Glauben meine Not,
dass wieder scheint, was dunkel droht.
Nun schließt sich jener Kreis bei mir,
war so lang fort, doch immer hier;
ich schau das Licht erneut und weiß,
es wartet ohne ein Geheiß.

Am Schillern labend

Blicke treffen auf die Wellen,
woll'n Gedanken bald zerstreu'n;
hier am Strand sind wir Gesellen,
die am Tiefsinn sich erfreu'n.

In der Stille, kaum mehr Worte,
nur durch Flüstern eine Kraft,
die an jedem andern Orte
kaum Verinnerlichung schafft.

Durch die Sonne tief im Abend
zieht die Nacht uns in den Bann;
einmal noch am Schillern labend,
zeigt das Schau'n uns, was es kann.

Schwanenruhe

Die Ruhe, die der Schwan vertieft,
entnimmt er der Natur,
sie hat ihm dieses Recht verbrieft
als reines Dasein nur.
Und schreckt die Welt hysterisch auf,
weil etwas sich empört,
dann lässt er ihr den Teil vom Lauf,
der seine Zeit nicht stört.

Kussmund

Dein Mund verspricht mir den Genuss,
den ich verinnerlichen muss,
verköstigt bald schon mein Gefühl,
das gar nicht weiß, ob's wirklich will.

Es fließt von Kopf zu Kopf im Strom,
erfährt die Liebe als Phantom,
die Offenbarung liegt im Herz,
ob wahres Glück, ob großer Schmerz.

Noch führen Sinne das Geleit,
bin ich von Sinnen, dann bereit;
ergebe mich der Sensation,
wohin es führt, wer weiß das schon.

Mückentanz

Es tanzen noch Gespenster
im Dämmerrampenlicht
vor sommerlichem Fenster,
macht bald den Vorhang dicht.

Sie künden vom Erleben
in ach so kurzer Zeit,
und führ'n uns unser Streben
vor Augen zum Geleit.

Dahinter schleichen Schatten
als Wächter für die Nacht
durchs Leben, das wir hatten,
und das das Licht ausmacht.

Stimme hören

Wollte deine Stimme hören,
habe dich erkannt;
gestern noch schien sie zu stören,
auf vertrautem Land.

Wollte deinen Atem spüren,
durch das Telefon;
Vis-a-vis verdarb Berühren,
doch ich harre schon.

Wollte nur dein Denken ahnen,
in der Einsamkeit;
Stunden, die umsonst verrannen,
drängen nun die Zeit.

Wollte keine Antwort zwingen,
die ich selbst mir gab;
ließ den Rufton mit mir ringen,
doch dann hobst du ab.

Sterne im Wasser

Sterne, die ins Wasser fallen,
funkeln mir die Sonne zu,
Schatten Lichter untermalen,
schenken ihnen seltsam Ruh.

Hüpfen über Wellenhügel,
wo ein Wind sie bald versprengt,
tauchen unter Schwanenflügel,
darin sich ein Kopf versenkt.

Zieh'n den Blick sie in die Weite,
weil die Dämmerung es mag,
bin ich längst auf ihrer Seite,
weit voraus, der alte Tag.

Bald schon sind sie ganz verschwunden,
über mir ihr Spiegelbild,
eine von Milliarden Runden,
bis die Sonn' es wieder spielt.

Ende einer Zeit

Die Freude bleibt besteh'n,
auch wenn der Mensch schon nicht mehr lebt;
das Leid wird nicht vergeh'n,
auch wenn die Erde nicht mehr bebt.

Erinnerung verblasst,
wenn eine Hülle sie nur speist;
Vergangenheit erfasst,
was ihr Lebendigkeit erweist.

Am Ende einer Zeit
verlässt den Raum ein weitres Bild;
was nah ist und was weit,
nur eine Nebenrolle spielt.

Magie im Traum

Noch immer liegt Magie im Traum,
der nicht erfüllt sein wird,
die Zeit erlaubt den Aufschub kaum,
ihn stets zur Chance führt.

Ein Kind entwächst der kleinen Not,
durchlebt und aufbewahrt,
doch ehe ihm das Schicksal droht,
die Welt sich offenbart.

Die Ungerechtigkeit ist stolz,
da sie so oft gewinnt,
doch sind's oft Kerben nur im Holz,
das bald geschnitzt sich find'.

Sehnsucht trinken

Keine Seele stört den Frieden,
als die Sinne selig sind;
manche sind nicht mehr hienieden,
andre betten nur ihr Kind.

Fern der Stille schwirren Tage,
senden Funken durch den Trost,
sind nicht Antwort und nicht Frage,
bin nicht heiter noch erbost.

Lass im Schein das Licht versinken,
nimmt sich der Gedanken an,
will im Schatten Sehnsucht trinken,
bis ich mich erleben kann.

Aus den Elementen

Im Quell des Lebens harrten wir,
als Zukunft nach dem Urgetier;
entstiegen aus der Fruchtbarkeit,
ward uns die Frische zum Geleit.

Verbundenheit das Dasein prägt,
der Grund uns durch die Zeiten trägt;
er gibt uns frei und nimmt uns auf,
im Kreis der Elemente Lauf.

Es fasziniert uns seine Kraft,
die Wohl und auch Zerstörung schafft;
gebändigt wärmt es unser Blut,
entfesselt formt den Grund die Glut.

Getrieben wird der Puls im Wind,
es seufzt der Greis, es jauchzt das Kind;
umspült vom unscheinbaren Fluss,
ihn jeder Herzschlag atmen muss.

Schnappschuss der Ewigkeit

Ein Tag verlässt die Ewigkeit,
wird sichtbar als ein Wandertor,
die Bäume sind noch ohne Kleid,
ein Schnappschuss hält mir's Schicksal vor.

Die Äste fangen meine Sicht,
zu finden einen Hinweis nur,
ich folge Lid um Lid dem Licht,
Erinnerung erfüllt die Spur.

Um Argumente des Moments
verharren Chancen hin zur Flucht,
sie suchen wartend die Tendenz,
die Zukunft bald vielleicht versucht.

Schon überlass' ich mich dem Weg,
der mich aus dieser Auszeit führt;
das Abendrot, geküsst vom Blick,
den neuen Tag bald alt berührt.